세모 지식 박물관 5
대단한 소금이야!

세모 지식 박물관 5

대단한 소고이야!

초판 1쇄 발행 | 2012년 11월 30일
초판 2쇄 발행 | 2014년 1월 5일

글쓴이 | 신연호
그린이 | 유남영
펴낸이 | 조미현

편집주간 | 김수한
책임편집 | 황정원
디자인 | 씨오디Color of Dream

출력 | (주)한국커뮤니케이션
인쇄 | 영프린팅
제책 | 쌍용제책사

펴낸곳 | (주)현암사
등록 | 1951년 12월 24일 · 제10-126호
주소 | 121-839 서울시 마포구 서교동 481-12
전화 | 365-5051 · 팩스 | 313-2729
전자우편 | child@hyeonamsa.com
홈페이지 | www.hyeonamsa.com
트위터 | www.twitter.com/hyeonami
페이스북 | www.facebook.com/hyeonami

글 ⓒ 신연호, 2012
그림 ⓒ 유남영, 2012

ISBN 978-89-323-7337-9 73400

이 도서의 국립중앙도서관 출판시도서목록(CIP)은 e-CIP 홈페이지(http://www.nl.go.kr/ecip)와
국가자료공동목록시스템(http://www.nl.go.kr/kolisnet)에서 이용하실 수 있습니다.
(CIP제어번호: CIP2012005360)

* 이 책은 저작권법에 따라 보호를 받는 저작물이므로 저작권자와 출판사의 허락 없이 이 책의 내용을 복제하
  거나 다른 용도로 쓸 수 없습니다.
* 지은이와 협의하여 인지를 생략합니다.
* 책값은 뒤표지에 있습니다. 잘못된 책은 바꾸어 드립니다.

세모 지식 박물관 5

글 신연호 · 그림 유남영

현암사

머리말 … 6

 **소금은 힘이 세다**

소금으로 일어선 나라 … 12
황금과 맞바꾼 소금 … 20
소금의 주인은 누구일까? … 28
못 참겠다, 무거운 소금세 … 34

 **자연이 준 선물, 소금**

소금이 없으면 못 살아 … 47
소금은 어디에나 있다 … 56
산업의 밑거름이 된 소금 … 67

3 문화를 꽃피운 소금

소금이 실어 나른 문화 … 86

소금아 재미있는 이야기를 들려줘 … 91

악마와 귀신은 소금을 무서워해 … 95

맛과 영양을 완성한 소금 … 99

우리나라 소금의 역사 … 107

참고한 자료 … 114

'흰색의 먹는 돌을 가져오세요.'

누군가가 이렇게 주문한다면 여러분은 어떻게 하실래요? 고개를 갸웃하며 '먹는 돌이 뭐지?' 하고 중얼거릴지 모르겠군요. 어쩌면 이렇게 되물을 수도 있겠고요.

"해리포터도 아니고 먹는 돌을 어디에서 찾아요?"

모르시는 말씀. 여러분은 흰색의 먹는 돌에 대해서 잘 알고 있답니다. 판타지 동화에나 나올 법한 이 물건은 모든 부엌에 당당하게 자리 잡고 있거든요. 짠맛을 내는 소금이 바로 그 주인공이에요. (소금을 왜 먹는 돌이라 하는지는 책 속에서 찾아보세요.)

소금 소리를 듣자마자 환상이 깨진 건 아닐까 걱정이 되네요. 우리는 소금을 특별하게 생각해 본 적이 없으니까요. 오히려 건강에 해로운 양념으로 많이 기억하지요. 물론 소금을 지나치게 많이 먹는 것은 건강에 해로워요. 그렇다고 해서 소금을 '나쁜 것 대 좋은 것'으로만 구분 지으려고 하면 소금이 무척 섭섭할 거예요. 소금은 인류의 역사와 문화에 매우 큰 영향을 주었으니까요.

그 작은 소금 알갱이에는 우주의 역사, 생명의 신비, 세계인의 눈물과 한숨 그리고 간절한 소망까지 녹아 있답니다.

소금의 이야기를 모두 담지는 못했지만 이 책은 소금의 새로운 모습을 만나게 해 줄 거예요. 책을 덮고 나서는 "오호, 정말 대단한 소금인걸." 하는 말이 나올지도 모르고요. 그렇다고 소금을 마음 놓고 펑펑 사용해서는 안 된다는 거 알죠?
　소금 사용량은 언제나 적당하게, 소금과 우리의 마음 거리는 좀 더 가깝게 바뀌기를 바라봅니다.

2012년 7월
소금의 이야기를 듣느라 즐거웠던
신연호

1 소금은 힘이 세다

고대와 중세 시대에도 석유처럼 특별한 황금이 있었어. 그 주인공은 '하얀 황금'인 소금이야.
흔하디 흔한 이 소금이 옛날에는 특별한 황금으로 불렸어.
믿기지 않겠지만 고대와 중세에는 소금이 권력이었고 소금이 나던 나라는 강대국이 되었지.
소금의 힘이 어떻게 해서 막강해졌는지 한번 알아볼까?

"국제 원유값이 큰 폭으로 올랐습니다. 한국석유공사에 따르면 뉴욕상업거래소에서 거래된 두바이유 가격은 전날보다……."

 텔레비전이나 신문에는 거의 날마다 이런 소식이 나와. 석유값이 올랐는지 내렸는지, 그 이유는 무엇이고 경제에는 어떤 영향을 주는지 자세히 알려 주는 뉴스야.

 날마다 값에 신경 써야 할 만큼 석유는 우리 생활 깊숙이 들어와 있어. 값이 싸든 비싸든 석유를 쓰지 않고는 하루도 살 수 없지. 사정이 이렇다 보니 석유를 생산하는 산유국들은 위세가 대단해. 큰 부자로 떵떵거리는 건 물론이고, 석유를 무기 삼아 국제 사회를 쥐락펴락하지. 이런 이유들 때문에 석유는 '검은 황금'으로 불려.

고대와 중세 시대에도 석유처럼 특별한 황금이 있었어. 그 주인공은 '하얀 황금'인 소금이야. '소금? 엄마가 양념으로 쓰는 그 소금?' 하며 놀라는 친구도 있겠지? 맞아, 바로 그 소금이야. 흔하디 흔한데다 값도 싼 소금.

믿기지 않겠지만 고대와 중세에는 소금이 곧 권력이었어. 소금이 나던 나라는 강대국이 되어 떵떵거렸고, 소금을 사고파는 사람들은 큰 부자가 되었어. 각 나라의 왕들은 소금을 이용해 권력을 키웠고, 힘없는 백성은 소금 때문에 눈물을 흘려야 했지.

소금으로 일어선 나라

패왕을 만들어 낸 제나라

기원전 1050년 무렵의 중국. 낚시의 달인인 강태공은 주나라를 위해 공을 세우고 왕으로부터 큰 상을 받았어. 강태공이 받은 상은 산동(山東, 산둥)반도[1] 북쪽의 작은 나라였어.

주나라는 '천자'라고 부르던 왕이 믿을 만한 신하나 친척들에게 땅을 조금씩 나누어 주고 다스리게 했어. 이런 제도를 '봉건제'라 하고, 봉건제로 생긴 작은 나라는 '제후국'이라고 불러. 그러니까 강태공이 상으로 받은 나라는 주나라의 여러 제후국 가운데 하나인 거지.

강태공은 나라 이름을 '제(齊)'라고 짓고 즉시 자기 땅으로 왔어. 그런데 막상 와 보니 나라 형편이 말이 아닌 거야. 영토가 바다와 맞닿아 있어서 농사지을 땅이 부족했고, 백성은 살 길을 찾아 떠난 뒤라 인구도 매우 적었어. 강태공은 나라를 일으켜 세울 방법을 궁리했지.

'농사만 고집할 게 아니라 바다를 이용해야겠어. 물고기를 잡고 소금을 만들어서 다른 나라에 팔면 되겠군. 큰 이익이 날 테니 나라는 풍요로워지고 백성은 곧 돌아올 거야.'

강태공의 생각은 딱 들어맞았

강태공 (출처: wikimedia)

어. 제나라는 물고기와 소금을 사고팔려는 사람들로 북적였고, 나라와 백성의 살림살이는 곧 폈어. 강태공은 정치를 안정시키고 땅까지 넓히며 나라의 힘을 키워 갔지.

그로부터 360여 년이 지난 뒤, 관중이 제나라의 재상이 되었어. 관중은 제갈량과 함께 중국 역사에서 매우 뛰어난 정치가로 손꼽혀. 고사성어인 '관포지교[2]'의 주인공이기도 하지.

관중은 제나라 군주인 환공에게 정치와 경제에 대한 조언을 아끼지 않았는데, 언젠가는 이런 말을 했어.

"중국에는 땅이 좋은 나라가 셋 있습니다. 황금이 나는 초나라, 소금이 나는 연나라와 우리 제나라가 바로 땅이 좋은 나라이지요. 군주께서는 바닷물을 끓여 소금을 만드시기 바랍니다."

관중은 소금이 황금에 뒤지지 않는 천연자원이라고 생각했어. 그래서 환공에게 소금을 잘 이용하라고 말했지.

"소금을 어떻게 이용하면 좋겠습니까?"

환공이 묻자 관중이 대답해.

"소금값이 올랐을 때 이웃 나라에 팔면 됩니다. 음식에 소금을 넣지

1) 산동반도는 서해를 사이에 두고 우리나라와 마주보고 있다. 가까운 거리만큼 역사적으로도 우리와 관계가 깊다. 신라의 장보고가 산동반도를 근거지로 삼아 무역 활동을 벌였고, 고구려 사람 이정기는 나라가 망한 뒤에 산동반도로 옮겨 가서 세력을 키웠다.
2) 옛날에 있던 일에서 생겨난 말을 고사성어라고 한다. '관포지교'는 관중과 포숙아의 사귐에서 생겨난 말이다. 포숙아는 친구인 관중이 실수를 할 때마다 이해하고 감싸 주었다. 관중은 '나를 낳아 주신 이는 부모님이지만 나를 알아준 이는 포숙아다.'라는 말로 친구에게 고마움을 표시했다.

관중 동상(중국 산동성 관중기념관, 출처:wikimedia)

않으면 사람의 몸이 붓게 되니 영토를 지키는 나라는 군사들을 위해서라도 모두 소금을 구입할 것입니다."

환공은 관중을 중부(仲父: 작은아버지)라고 부를 정도로 존경하고 신뢰했어[3]. 관중이 조언하는 대로 소금 산업을 키웠고, 이웃 나라와 무역을 해서 많은 이익을 남겼어. 소금 무역으로 벌어들인 돈은 곡식 무역에 투자했지.

제나라는 그 당시 중국 제일의 강대국이 되었어. 경제적으로 부유했음은 물론이고 정치, 문화, 예술, 어느 한 분야 뒤질 게 없었어.

기원전 651년, 제나라 군주인 환공은 몇몇 제후국의 모임에서 '패왕'이라고 부르는 우두머리에 뽑혔어. 그 무렵 봉건 국가인 주나라는 힘 빠진

---

3) 환공은 제나라 군주가 되기 전, 자기 형인 규와 군주 자리를 놓고 다툼을 벌였다. 이때 관중은 규의 스승이었고, 포숙아가 환공의 스승이었다. 관중은 적이나 마찬가지인 환공을 활로 쏘아 쓰러뜨린 적이 있다. 그러나 화살이 허리띠에 맞았기 때문에 환공은 목숨을 잃지 않았다. 뒷날 군주가 된 환공이 관중을 벌하려고 했지만 포숙아가 나서서 환공을 설득했다.
"관중은 천하의 인재입니다. 관중을 재상에 등용하시면 군주를 위해 큰일을 해낼 것입니다."
환공은 자기를 쏘아 죽이려 했던 관중을 재상에 앉혔다. 관중은 이에 보답이라도 하듯 제나라를 강대국으로 만드는 데 힘썼고, 환공은 그런 관중을 믿고 의지했다.

종이호랑이 신세였지. 환공은 비록 제후국의 군주였지만 실질적으로는 천하의 주인이 된 셈이었어.

중세 유럽의 무역 중심지 베네치아

베네치아[4]는 지금 이탈리아의 한 도시지만, 중세에는 어엿한 도시 국가[5]였어. 아름답기로 이름난 곳이지만 사람들이 물 위에 도시를 세운 데에는 안타까운 사연이 있었지.

5세기와 6세기에 걸쳐 이탈리아 반도에는 이민족의 침입이 끊이지 않았어. 로마 제국의 힘이 약해지자 국경 밖에 살던 이민족이 기름진 이탈리아 땅을 침략한 거야. 이때 이탈리아 북부에 살던 사람들은 이민족을 피해 바닷가 늪지대로 옮겨 왔어. 사람들은 개펄에 나무 말뚝을 촘촘히 박고 그 위에 집을 지었어. 피난민이 자꾸 늘자 늪지대 사람들은 바다 쪽으로 더 나아가야 했지. 사람들은 아드리아 해안의 크고 작은 섬들에 다리를 놓아서 도시를 건설했어. 물 위에 터를 잡은 사람들에게 바다는 소금과 물고기를 선물로 주었어. 베네치아 사람들은 지역 특산물을 육지로 갖고 나가 곡식과 바꾸었어. 육지에서는 식품을 소금에 절여 보관했기 때문에 베네치아 사람들을 언제나 환영했지. 베네치아는 본격적으로 소금

---

[4] 베네치아는 상업과 함께 유리 공예, 배를 만드는 조선업이 크게 발달한 나라였다. 상업으로 번 돈을 문화와 예술에 투자해서 회화, 건축 분야의 발전을 꾀했고, 인쇄술이 도입된 뒤에는 출판 사업도 활발했다. 많은 문학가와 예술가가 베네치아를 무대로 활동했는데, 셰익스피어는 베네치아 상인을 주인공으로 한 『베니스의 상인』을 쓰기도 했다. '베니스'는 베네치아의 영어 이름이다.

[5] 중세 유럽의 많은 나라가 신성 로마 제국의 간섭을 받았다. 그러나 상업으로 부를 쌓은 이탈리아의 도시들은 경제력을 바탕으로 제국의 간섭에서 벗어났다. 이들 도시는 자기만의 정치를 펼치며 점차 국가 형태로 발전했다. 베네치아를 비롯해 제노바, 피사, 피렌체 등이 작지만 부유한 도시 국가들이었다.

무역에 나서기로 했어.

　중국의 제나라와 마찬가지로 베네치아 정부도 소금에 관심이 많았어. 소금에 관한 일만 맡아 하는 관청이 따로 있었어. 관청은 상인들에게 소금 판매 면허증을 내어 주면서 소금값과 판매 장소, 판매량까지 정해 주었지.

　"북쪽 지방으로 가서 소금을 열 자루만 파세요. 값을 깎아 주거나 마음대로 올려 받으면 안 됩니다. 만약 규칙을 어기면 면허를 취소하겠습니다."

　정부가 나서서 관리한 덕분에 베네치아의 소금 무역은 날로 발전했어. 그런데 중세에 지중해에서 소금 무역을 한 도시 국가는 베네치아만이 아니었어. 대부분의 이탈리아 도시 국가들이 무역에 종사했고, 소금은 매우 중요한 상품이었지. 베네치아는 소금 무역을 독차지하기 위해 이웃 도시 국가들과 끊임없이 경쟁을 벌였어. 특히 서지중해에 있던 제노바와는 소금뿐 아니라 지중해 무역의 패권을 두고 여러 차례 전쟁을 치르기도 했어. 그러나 군대를 동원해 경쟁자를 물리친 베네치아도 소금 생산을 방해하는 자연 환경은 어쩌지 못했어. 베네치아의 염전 가까이에는 세 곳의 강이 있었는데, 강물이 자주 범람해서 염전으로 흘러들어 간 거야. 민물이 섞인 바닷물로는 소금을 만들 수가 없어. 베네치아의 소금 생산량은 갈수록 줄어들었지.

　베네치아는 상품을 확보하기 위해 소금을 수입해 오는 자기네 상인에게 많은 혜택을 주었어. 상인들은 앞다투어 소금을 수입해 왔어. 덕분에 베네치아는 소금 생산량이 줄었어도 여전히 소금 무역을 주름잡을 수 있었지. 베네치아는 여기서 만족하지 않고 이웃 도시들 사이에서 소금 무역을 독점하기로 했어.

　1238년 베네치아는 바닷가에 있던 도시 라벤나와 특별 계약을 맺었지.

"앞으로 라벤나는 소금과 곡식을 베네치아에만 팔아야 한다."

그리고 몇 해 뒤, 이탈리아 북부에 있는 두 곳의 도시와도 특별한 계약을 맺었어.

"페라라와 만투아는 다른 도시의 소금을 사지 않는다."

이들 계약의 의미는 '우리 말고 다른 도시하고는 소금 거래를 하지 마! 만약 그랬다가는 재미없을 줄 알라고.'와 같아. 말도 안 되는 불공정한 계약이었지만, 세 도시도 어쩔 수 없었어. 베네치아의 해군은 다른 도시의 염전을 파괴하고 다닐 정도로 무자비했거든.

1350년 무렵, 베네치아 앞바다인 아드리아 해에서는 다른 국가의 소금 무역선을 찾아볼 수가 없었어. 베네치아 국적이거나 베네치아에서 소금을 사 갖고 가는 배가 아니면 그 어떤 무역선도 소금을 싣고 아드리아 해를 지나다닐 수가 없었지.

베네치아는 독점 무역을 하면서 소금값을 마음대로 매겼어. 물론 자기네가 살 때는 싸게, 다른 곳에 팔 때는 비싸게 값을 매겼지. 소금 독점으로 많은 돈을 벌어들인 베네치아는 동방 무역에 눈을 돌렸어. 중세 유럽에서는 동방에서 온 상품이 인기였어. 중국의 비단, 인도의 후추, 페르시아의 융단 같은 상품들 말이야. 특히 후추 같은 향신료6)는 오래전부터 유럽 사람들이 탐내던 상품이었어. 향신료를 쓰면 소금에 절인 고기의 맛이 좋아졌고 소화도 잘됐어. 향신료는 때로 약품의 역할도 했어.

동방의 상품은 이집트의 알렉산드리아, 중동의 시리아, 지금의 터키 지역인 콘스탄티노플 같은 곳에서 구할 수 있었어. 베네치아 상인들은 이런 곳을 누비며 동방의 상품을 수입했어. 커다란 배 가득 물건을 싣고 베네치아로 돌아오면 유럽 각국에서 온 상인들이 기다리고 있다가 물건을 사 갔어. 유럽의 상인들은 자기네 나라로 돌아가 보따리를 풀면 큰돈을 벌 수 있었지.

동방 무역이 활기를 띨 무렵, 베네치아는 더 이상 소금을 생산할 수 없었어. 그러나 베네치아 상인들은 여전히 소금에 관심을 기울였어. 무역선이 가는 곳마다 소금 무역이 가능한지 알아보았고, 염전을 손에 넣으려고 했어. 어느 역사가의 말처럼 베네치아의 소금은 단순한 상품이 아니라 국가 경제를 움직이는 바퀴이자 윤활유였어.

---

6) 중세 유럽 사람들은 향신료에 대한 특별한 믿음을 갖고 있었다. 향신료가 동방에 있는 지상 낙원에서 온다는 믿음이었다. 그곳은 예수의 제자인 요한이 다스리는 땅으로 온갖 보물이 넘쳐 나고, 신비로운 나무가 자라는 곳이라고 여겼다. 대부분 가톨릭을 믿었던 중세 유럽 사람들에게 예수의 제자가 다스리는 땅은 천국이나 다름없었다. 그런 곳에서 오는 향신료라면 사랑하지 않을 수 없었을 것이다.

사람들은 언제부터 소금을 이용했을까?

사냥을 하며 살았던 구석기 시대 사람들은 소금을 따로 먹을 필요가 없었어. 동물의 몸에 있는 소금을 자연스럽게 섭취했기 때문이야. 소금이 필요해진 건 신석기 시대, 농사짓는 법을 발명하면서부터야. 곡식에는 소금기가 없어서 맛도 없고, 먹어도 기운이 나지 않았거든. 소금에 대해서 알게 된 건 동물 때문이라고 해. 동물들은 본능적으로 소금을 찾아내서 먹고 있었지. 소금기가 많은 풀을 뜯거나, 짠맛이 나는 돌을 핥거나, 사람들 가까이로 와서 오줌 눈 자리를 핥았어.

"저 녀석들은 왜 저 풀만 뜯어 먹지?"

"그러게. 돌은 왜 핥고 다니는 걸까? 오줌을 핥아먹는 것도 이상해."

동물을 관찰하던 사람들은 모든 게 짠맛 때문임을 알아냈어.

"오호, 이것 참 별난 맛이네. 맛있는 것 같지는 않은데 자꾸 먹고 싶어져. 먹으면 힘도 나는 것 같고 말이야."

사람들은 짠맛을 찾아다니다가 소금의 존재를 발견했어. 곡식에 섞어 먹으면 음식 맛이 좋아졌기 때문에 부지런히 소금을 찾아다녔지. 그때부터 시작한 소금을 얻기 위한 노력은 1800년대 초반까지 계속되었어.

황금과 맞바꾼 소금

동전이나 종이돈이 없던 시절에 소금은 화폐로 쓰였어. 필요한 물건을 교환할 때 소금으로 셈을 치렀다는 뜻이야. 이렇게 셈을 치르는 물건을 '물품 화폐'라고 불러. 화폐로 쓰였다는 건 다른 사람도 소금을 값어치 있게 여겼다는 뜻이지. 나 혼자만 좋아하거나 흔하디 흔한 물건은 화폐 역할을 할 수 없잖아. 소금은 조개 껍데기, 쌀, 비단과 함께 여러 지역에서 오랫동안 화폐로 쓰였어. 사람들은 소금으로 식량이나 생활용품을 샀고, 사치품이나 노예도 샀어.

무역으로 강대국이 된 베네치아도 도시가 생기고 얼마 지나지 않았을 때는 소금으로 필요한 것을 구했어. 중국 운남(雲南, 윈난)과 티베트 사이의 소금 계곡, 남아메리카 안데스 산맥의 소금 계곡 사람들은 지금도 소금을 주고 물건을 구입해.

아프리카에서는 벽돌 모양의 소금 덩어리를 화폐로 썼어. 중세에 활동했던 여행가들의 책에는 소금 벽돌 이야기가 여러 차례 나와. 그 가운데 에티오피아는 백여 년 전까지 기다란 식빵 모양의 소금 벽돌을 화폐로 썼어. 소금 벽돌의 이름은 '아몰리'

아몰리ⓒBertramz

인데, 무게가 1킬로그램을 넘지 않았어. 부딪쳐 깨지거나 녹아서 작아질까 봐 마른 잎으로 둘레를 감싸 두었지. 옛날에 우리나라 사람들이 지푸라기로 달걀 꾸러미를 만든 것과 같은 이치야.

19세기 들어서 에티오피아는 '탈러[7]'라는 은화를 도입했지만, 가난한 사람들은 여전히 아몰리를 돈으로 썼어. 탈러는 값어치가 너무 높아서 누구나 쓸 수 있는 돈이 아니었거든. 아몰리는 지역이나 날씨에 따라서 값어치가 달라졌어. 소금 산지에서 멀리 떨어진 곳일수록 아몰리를 비싸게 쳐 주었어. 소금을 생산하기 어려운 장마철에도 아몰리의 값어치는 쑥 올라갔지.

사하라 사막 아래쪽에 있는 서아프리카 지역도 소금 생산지에서 멀다는 이유로 값비싼 소금을 먹었어. 소금값이 얼마나 비쌌는지, 사하라 사

---

[7] 독일에서 만든 탈러 은화는 상인들에 의해 유럽 전역에서 쓰였나. 뒤에 미국으로 건너가서 '달러'로 이름이 바뀌었고, 오늘날 세계에서 가장 널리 쓰이는 화폐 단위가 되었다.

막을 건너가는 낙타 상인들의 뒤를 따라가 볼까?

 사하라 사막은 북부 아프리카 여러 나라에 걸쳐 있는 사막이야. 동서로 길게 누워서 아프리카 대륙을 남과 북으로 나누고 있어. 사막 면적이 남한 땅의 85배가 넘을 만큼 넓은 곳이야. 지금이나 예전이나 사하라 사막을 건너기란 여간 힘든 일이 아니었지. 사막의 낮과 밤은 기온차가 너무 심했어. 낮은 뜨겁고 밤은 너무 추워서 견디기가 힘들었어. 바람이라도 불면 날아드는 모래 때문에 눈을 뜰 수가 없었고, 오아시스를 만나지 못하면 며칠을 갈증에 허덕였어. 그뿐인가, 유목민의 마을을 지날 때마다 비싼 통행세를 물어야 했어. 또 어디선가 불쑥 강도가 나타날까 봐 마음을 졸였지. 그래도 상인들은 바람이 모래 언덕에 새긴 무늬와 죽은 동물의 뼈를 표지판 삼고, 밤하늘의 별을 나침반 삼아 사막을 건넜어. 낙타의 양 옆구리에 매단 소금판을 보면 저절로 힘이 났지. 소금판은 사하라 사막 언저리에 있는 광산에서 캔 거야. 소금 광산은 아주 오래전 바닷물에 잠겨 있었는데, 물이 모두 말라 없어지면서 소금만 두텁게 남은 곳이지.

 상인들이 몇 날 며칠 걸려서 도착한 곳은 사막의 항구 도시 팀북투. 팀북투는 북아프리카와 남아프리카의 상품이 만나는 무역의 중심지였어. 사막을 건너온 상인들은 팀북투에서 소금을 주고 곡식이나 상아, 노예를 샀어. 그러나 상인들의 가장 큰 관심은 황금이었어. 낙타 상인들이 소금을 내놓으면, 그 지역 사람들은 황금을 내놓았어. 그러니까 서아프리카

팀북투의 소금 ⓒRobin Taylor

사람들은 황금으로 소금값을 치른 거지. 믿기 힘들지만 엄연한 사실이야. 한때 서아프리카에서는 소금과 황금이 똑같은 무게로 거래된 적도 있다고 해.

왜 이렇게 비싼 소금을 샀느냐고? 그때만 해도 소금 생산 기술은 원시적이었어. 소금 생산지도 많지 않았어. 사실 소금은 물이나 공기처럼 흔하지만 땅속에 숨은 것을 찾아내고 캐내기가 쉽지 않았어. 교통이 발달하지 않았으니 생산지에서 판매 장소까지 소금을 실어 나르는 것도 큰일이

었지.

"값이 왜 이렇게 비싸? 에잇! 이깟 소금, 내가 안 사고 만다."

이런 말이라도 할 수 있으면 좋을 텐데, 소금은 사치품이 아니고 필수품이어서 그럴 수도 없었어. 물론 소금과 황금의 맞바꿈에는 서아프리카의 독특한 환경도 작용했어. 서아프리카에는 소금이 전혀 나지 않는 대신 황금 광산은 여러 곳 있었거든. 살아가는 데 꼭 필요한 소금과 남들이 좋아하는 황금. 어느 쪽이 더 소중할까? 서아프리카 사람들에게는 소금이 황금보다 훨씬 귀한 보물이었을 거야.

소금물에 떠오른 시커먼 이물질은 뭘까?

사람들은 소금을 얻기 위해 끊임없이 노력했어. 땅속에 숨은 소금 우물이나 암염을 찾으려고 시추(땅속을 연구하거나 지하자원을 얻기 위해 땅을 깊이 파는 것) 기술을 개발했어.

중국의 사천(四川, 스촨) 지방에서는 이미 2천 년 전부터 대나무로 땅을 파서 소금물을 길어 올렸어. 이렇게 판 소금 우물의 깊이가 100미터나 되었지. 기계의 도움 없이 땅을 파기란 여간 어려운 일이 아니야. 어디 흙만 파냐. 암석을 뚫고 내려갈 때도 있는걸. 그래서 우물을 하나 파기까지는 꽤 오랜 시간이 걸렸어.

11세기 송나라 시대에 들어서 우물 파는 기술이 크게 발달했는데 이때도 짧게는 3~4년, 길게는 수십 년을 파야 소금물을 만날 수 있었어. 그러나 시추 기술이 발달할수록 땅을 파는 기간은 줄었고, 우물 깊이는 깊어졌어. 19세기 초에는 1,000미터 깊이까지 팔 수 있을 만큼 기술이 발전했지.

그런데 그거 알아? 소금 우물을 파다가 20세기의 검은 황금인 석유를 발견했다는 거. 사실 석유는 고대 사람들도 널리 쓰고 있었어. 고대 메소포타미아 지역에 살던 사람들은 석유의 부산물로 길을 내거나 이음새를 메웠어. 고대 이집트 사람들과 뒤에 활동한 페르시아 사람들, 아메리카 인디언들은 석유를 만병통치약쯤으로 여겼지. 그러나 이들이 사용한 석유는 채굴한 것이 아니라 저절로 흘러나온 것이었어.

기계를 이용해서 석유를 캔 것은 1859년 8월의 일이야. 미국의 펜실베

이니아 주에서 드레이크라는 사람이 20여 미터를 파고 석유를 발견했지. 드레이크의 석유 시추에는 재미난 이야기가 숨어 있어.
1800년대까지 미국에서는 소금 우물에 석유가 섞여 나오는 일이 흔했어. 기름은 물보다 가볍기 때문에 물 위에 둥둥 뜨잖아. 석유도 그랬어. 소금 우물의 주인들은 시커멓고 냄새나는 이물질을 성가시게 생각했지.

그런데 1850년, 미국에서 약재상을 하던 키어는 아버지의 소금 우물에서 나온 이물질이 인디언의 약과 비슷하다는 것을 알아냈어. 앞에서도 말했지만, 아메리카 인디언들은 석유를 만병통

1800년대 석유 시추 모습 ⓒRobert N. Dennis

치약으로 쓰고 있었거든. 키어는 석유를 모아서 병에 넣어 팔았어. 약병에는 '키어의 석유'라는 상표를 붙였고, 자연에서 얻었다는 것을 강조하려고 소금 우물을 그려 넣었지.

6년이 지난 어느 여름, 조지 비슬이라는 사업가가 햇빛을 피하려고 약 가게 차양 밑으로 들어갔다가 유리 너머로 키어의 석유병을 보았어. 비슬은 평소 석유에 관심이 많았어. 석유를 이용해 불을 밝히는 등을 만들면 돈을 많이 벌겠다고 생각하던 참이었지. 그러나 석유를 어디서 얻어야 하는지 좀처럼 알 수 없었어. 그런데 키어의 석유병을 보는 순간, 비슬의 머리에 신통한 생각이 떠오른 거야.

'소금 우물에서 나왔다면 석유도 땅속에 있는 거네? 오호라, 소금 우물을 파듯이 땅을 파면 석유를 얻을 수 있겠는걸.'

비슬은 석유를 유명한 화학자에게 보내서 연구를 부탁했어. 화학자는 석유가 여러 가지 제품을 만들 수 있는 귀한 원료라고 답장을 보내왔어. 비슬은 무릎을 치며 '옳다구나.' 했어. 그러고는 이물질이 섞여 나오는 소금 우물을 사서 회사를 세우고 드레이크를 직원으로 채용했지. 드레이크는 기계를 이용해서 땅을 파고 원유를 채굴했어. 이로써 20세기의 검은 황금이 세상에 등장했고, 소금은 하얀 황금이라는 왕관을 벗어야 했어.

소금의 주인은 누구일까?

"폐하, 흉노족들이 또다시 국경을 넘었습니다."

"아니, 또?"

기원전 130년 무렵, 한(漢)나라의 7대 황제인 무제는 흉노족 때문에 골머리를 앓았어.

흉노족은 한나라 북쪽에 살며 말을 기르던 힘센 유목 민족이었어. 한나라가 바치는 곡식과 비단을 받고 영토를 침범하지 않기로 약속했지만, 가을만 되면 번번이 국경을 넘었어. 유목민들은 농사를 안 짓기 때문에 부족한 식량을 남에게서 빼앗았던 거야.

"더 이상은 참지 않겠다. 흉노를 정벌하여 치욕을 갚아 주리라!"

무제는 흉노족과의 전쟁을 선포했어. 무제의 할아버지와 아버지가 경제를 발전시킨 덕분에 전쟁을 치를 비용은 충분했어. 그러나 흉노는 만만히 볼 상대가 아니었어. 잘 훈련된 말을 타고 바람처럼 달리던 용감한 사람들이었지.

전쟁은 쉬 끝나지 않았고, 튼튼했던 한나라 경제는 휘청거렸어. 전쟁 뒷바라지를 하던 백성의 고통도 말할 수 없이 커졌어.

'나라 살림이 거덜 날 지경이니 어쩌면 좋단 말인가. 이제 와서 흉노 정벌을 그만둘 수도 없고…….'

무제가 끙끙 앓고 있을 때 나라 살림을 맡은 관리가 넌지시 말했어.

"폐하, 이 나라의 산과 바다는 모두 폐하의 것이니 여기에서 나는 것도 모두 폐하의 것입니다. 산과 바다에서 나는 철과 소금을 전매하면 국가 수입을 늘릴 수 있습니다."

'전매'란 어떤 물건의 생산, 판매, 수익을 국가가 독점해서 관리하는 제도야. 그러니까 관리의 말은 소금과 철 사업으로 국가 수입을 늘리자는 뜻이었지.

소금은 전매로 할 것이다!

진시황

사실 한나라보다 먼저 소금과 철의 전매 제도를 실시한 나라는 진(秦)이야. 불로초를 구하려고 애썼던 진시황의 나라 말이야. 진은 주나라의 여러 제후국을 통일하고 들어선 중국 최초의 통일 국가인데, 전매 제도로 국고를 채웠어. 그러나 200여 년 만에 멸망하고 새로이 한나라가 들어섰지. 한은 진나라의 여러 제도를 물려받았지만 전매 제도만은 따라하지 않았어. 백성의 원성이 많았기 때문이야. 그런데 이제 와서 전매 제도를 다시 시행하자니 아무리 황제라도 눈치가 보였지.

"전매 제도를 실시하면 백성이 반발하지 않겠는가?"

"소금으로 돈을 버는 사람은 눈치 빠른 상인들뿐입니다. 상인들은 낮은 임금을 주고 백성을 부리면서 자기 배만 채우고 있습니다. 전매 제도를 시행하면 국고도 채우고 상인들의 횡포도 막을 수 있사옵니다."

무제는 전매 제도를 시행하기로 했어. 백성에게 소금을 만들게 하고 국가에서 거두어들인 다음, 가격을 정해서 판매하는 방식이었어. 이를 위해 지방마다 소금 관청을 두고 소금 상인을 관리로 앉혔지.

소금 전매 사업으로 한나라는 경제 위기에서 벗어났어. 무제는 흉노를 먼 곳으로 몰아냈고, 다른 나라도 정벌해서 영토를 넓혔어. 무제의 편에

서 보자면 소금 전매는 대성공이었지. 그러나 백성의 생각은 달랐어.

무제가 죽고 어린 아들이 황제가 된 지 몇 해가 지났을 때, 지방에 사는 학자들이 한나라 수도로 모였어. 학자들은 한나라 관리들과 한자리에 모여서 '소금과 철의 전매'에 대한 열띤 토론을 벌였어. 먼저 관리들이 소금 전매의 이로운 점을 말했어.

"국가는 소금을 전매하면서 저울을 통일하고, 가격도 공평하게 매겼습니다. 그래서 어린아이도 속지 않고 소금을 살 수 있습니다. 전매 제도는 백성에게 손해를 끼치지 않으며, 국가에도 도움이 되는 제도입니다."

학자들의 주장은 달랐어.

"백성이 세금을 내고 소금을 만들 때는 값이 쌌습니다. 그러나 지금은 너무 비싸서 소금기 없는 밥을 먹습니다. 전매 제도는 마땅히 폐지해야 합니다."

토론은 오랫동안 계속되었어. 그러나 관리들과 학자들의 주장이 팽팽

하게 맞서는 바람에 어떤 결론이 나지는 않았어. 정부는 이익이 많이 나는 소금과 철의 전매 제도를 포기하지 않았지.

그런데 토론이 있고 몇 십 년이 지난 뒤 자연재해가 일어났어. 백성이 심한 고통을 겪게 되자 정부는 어쩔 수 없이 전매 제도를 폐지했어. 전매 제도는 중국 역사에서 한동안 사라졌다가 600년 뒤, 당나라 시대에 다시 등장해.

우리나라에도 소금의 전매 제도를 둘러싼 찬성과 반대 논란이 있었어. 조선 세종 때인 1445년, 좌의정이 소금 전매 제도를 실시하자고 건의했어.

"전하, 나라의 창고가 넉넉해야 흉년이 들거나 위급한 일이 생겼을 때 백성을 도울 수 있습니다. 백성의 소금 생산을 막고 국가가 대신하면 어떻겠습니까? 나라에 저축이 많으면 세금을 적게 거둘 수 있으니 백성에게도 분명 이로운 일입니다."

"팔 년 전에도 하려다가 못 했는데, 이번에 또다시 요청을 하니 시험 삼아 해봅시다. 방법을 생각해 보시오."

어명이 내려지자 전국에서 반대 상소가 올라왔어.

"우리나라는 바닷가가 많아서 소금이 넉넉합니다. 나라가 소금을 만들면 생산량이 늘어날 테고, 남는 소금은 백성이 억지로 떠맡게 될 것이 분명합니다. 그런데 어찌 소금 전매 제도를 실시한다 하십니까?"

"전매 제도는 백성에게 큰 불편을 줄 뿐이니 어명을 거두어 주옵소서."

세종 임금은 마음이 흔들렸어. 국가가 백성의 이익을 가로채는 것으로 보일까 봐 걱정이었지.

그런데 전매 제도를 둘러싸고 찬반 여론이 뜨거울 때, 가을장마가 들어 소금 생산량이 크게 줄었어. 갑작스런 장마가 원인이었지만, 백성은 엉뚱한 이유를 들며 원망을 쏟아 냈어.

"소금이 부족한 게 다 나라님 때문이래. 앞으로 소금을 만들어 팔 거라면서 나무를 베지 못하게 했다더군."

"오호라. 바닷물을 끓일 나무가 없어서 소금을 만들지 못한 거로군."

"그렇지. 나라님 욕심 때문에 올해는 소금 구경도 못 하게 생겼다고."

민심이 사나워지자 세종 임금은 소금 전매 제도를 실시하지 않기로 했어.

조선에서는 그 뒤로도 몇 차례 전매 제도에 대한 여론이 일었어. 임진왜란(1592~1598년)과 병자호란(1636년)으로 국고가 텅 비었을 때와 영조 때 심한 흉년이 들어 백성이 굶주릴 때였어. 그러나 반대 의견도 거셌어. 국가가 돈벌이에 나서는 게 도리에 어긋난다는 이유였어. 조선은 전매 제도 대신 소금세를 걷는 것으로 만족했어.

짭짤한 상식

붉나무는 소금나무

설탕을 대신해서 단맛을 내는 방법은 여러 가지가 있어. 과일이나 꿀, 시럽 같은 것을 이용하면 되거든. 그러나 짠맛은 소금 말고 다른 식품에서는 찾기가 어려워. 그러나 궁하면 통하는 법. 옛날에 소금을 얻기 힘든 산간 지역 사람들은 자연에서 소금 대용품을 얻기도 했어.

가장 대표적인 것이 붉나무야. 붉나무는 가을에 빨갛게 물든 잎이 하도 고와서 붙은 이름이야. 영근 붉나무 열매의 겉에는 하얀 가루가 생겨나는데, 이 가루가 소금처럼 짠맛을 내. 사람들은 잘 익은 붉나무 열매를 찧어서 물에 우려 짠물을 얻었어. 이렇게 얻은 물로 두부를 만들었지.

붉나무ⓒRiverbanks Outdoor Store

못 참겠다, 무거운 소금세

분노를 부른 프랑스의 가벨

어느 날 제나라의 환공이 관중에게 물었어.

"사람 수대로 세금을 걷으려고 하는데, 어떻게 생각하십니까?"

관중은 사람마다 세금을 매기면 난리가 날 거라면서 소금을 이용하라고 했어.

"소금은 어른이나 아이나 모두 먹는 것이니 소금세를 걷으면 온 백성에게 세금을 걷는 효과가 있습니다."

세계의 권력자들도 소금세의 효과를 잘 알고 있었어. 대부분의 나라가 소금세로 국가 수입을 채웠지. 중세의 프랑스 왕들도 '가벨[8]'이라 부르는 소금세를 걷었어. 가벨은 국민의 피눈물을 짜냈던 매우 가혹한 세금이었어.

가벨의 특징은 지역별로 차이를 두었다는 거야. 도시에 따라서 내야 하는 세금 액수가 달랐어. 품질 좋은 대서양의 소금을 공급받는 지역은 세금이 높았어. 지

---

[8] 가벨은 처음에는 밀, 포도주, 소금과 같은 생활필수품에 붙던 세금을 가리키는 말이었다. 그러나 15세기 들어서 소금세만을 '가벨'이라고 부르게 되었다.

중해의 소금을 받는 곳은 다음으로 높았고, 늪지대에서 생산한 품질 낮은 소금을 공급받는 지역은 세금이 낮았지. 높은 세금을 내는 사람들은 불만이 컸어. 국경 가까이에 있는 어촌 마을은 세금을 한 푼도 안 냈는데, 그런 곳과 견주면 불공평한 일이잖아. 그러나 왕실의 변명은 언제나 당당했어.

"세금을 면제받은 마을은 절인 생선이나 소금을 수출하는 곳이다. 세금이 없어야 다른 나라보다 싼값에 수출을 할 것 아닌가? 게다가 어촌 사람들은 바다에서 전투가 벌어지면 해군 역할도 해. 그러니까 불평은 이제 그만!"

프랑스는 필요할 때면 소금세를 마음대로 올렸어. 소금값도 따라서 비싸졌지. 소금세를 걷는 사람들의 횡포도 극심했어. 소금세는 왕실에서 직접 걷은 게 아니라 회사나 개인에게 맡겨서 받아 오게 했거든. 이들은 왕실에서 요구한 액수를 맞추기 위해, 또 자기 주머니를 채우기 위해 세금을 마음대로 올려 걷었어.

가혹한 소금세 때문에 국민 사이에서는 암거래가 흔했어. 소금을 몰래 수입하는 사람, 그런 소금을 몰래 사 먹는 사람이 늘었지. 왕실은 암거래에 가담한 사람들을 무서운 형벌로 다스렸어. 확실한 증거가 없어도 의심만 가면 잡아 가두었지. 이 가운데는 어린이들도 있었어.

가난한 농민에게는 소금세가 특히 부담이었어. 안 그래도 농민들은 토지세, 방앗간 사용료, 교회에 내는 세금, 포도주세 같은 온갖 세금에 허리가 휘어 있었거든. 버는 돈의 대부분을 세금으로 낼 정도였어.

국민은 소금세가 지긋지긋하다며 불만을 쏟아 냈어. 프랑스군 원수(대장보다 높은 계급)였던 보방은 '신이 인간에게 준 소금에 세금을 매기면 안 된다.'는 내용의 책을 썼어. 왕이 국민의 고통을 모르면 망할 것이라고 충고했지. 그러나 왕의 귀는 꽉 막혀 있었어. 왕들은 늘 돈이 필요했거든.

16세기부터 프랑스는 왕의 권력을 크게 강화했어. 왕의 권리는 신이 내려 준 거라면서 복종을 강요했지. 이런 움직임을 '절대 왕정'이라 하고, 이 시기의 왕들을 '절대 군주'라고 불러. 절대 군주들은 이전의 왕들과 달리 전쟁에도 안 나갔고, 생활은 베르사유 궁 안에서만 했어. 날마다 귀족들을 불러 파티를 열고 궁정 예절을 가르쳤어. 귀족들을 길들이기 위한 방편이었지.

"짐의 말을 잘 듣고 짐에게 예절을 지키는 사람만 파티에 초대할 거야. 짐에게 밉보이면 파티 참석은 꿈도 꾸지 말라고!"

뭐, 이런 뜻이야. 화려한 생활을 하자면 당연히 많은 돈이 필요해. 왕실의 사치로 국고는 텅 비어 갔고, 돈이 나올 곳은 세금밖에 없었어. 절대 군주들은 국민의 고통보다 텅 비어 가는 국고가 더 걱정스러웠지.

결국 보방의 충고는 현실이 되고 말았어. 1789년 7월 14일, 성난 국민이 정치범들이 갇힌 바스티유 감옥을 습격하며 프랑스 혁명이 시작된 거야. 물론 프랑스 혁명의 원인이 오로지 '무거운 소금세'만은 아니야. 프랑스 혁명에는 많은 원인이 복잡하게 얽혀 있어. 종교 지도자, 귀족, 평민으로 나뉜 신분 제도 속에서 소수의 종교 지도자와 귀족이 국민 위에 군림하며 온갖 횡포를 저지른 것, 가난한 사람을 막다른 곳으로 내몰았던 다급한 경제 사정, 평민 지식인이 늘어나면서 비판 의식이 높아진 것 등이 모두 중요한 원인이야. 이렇게 이해하면 좋겠다. 프랑스 혁명의 원인은 비빔밥의 재료처럼 여러 가지인데 무거운 소금세도 그 가운데 하나였다고 말이야. 혁명의 결과로 가벨은 다음 해인 1790년에 폐지됐어. 그러나 나중에 들어선 나폴레옹 정부가 이탈리아와 전쟁을 벌인다며 소금세를 다시 걷었어. 프랑스 사람들은 1946년이 돼서야 지긋지긋한 가벨에서 놓여날 수 있었어.

소금을 되찾은 행진

프랑스의 이웃 나라인 영국도 지독한 소금세와 소금법으로 역사에 이름을 남겼어. 사실 영국은 세계에서 가장 일찌감치 소금세를 폐지한 나라야. 산업 혁명이 일어난 뒤, 소금이 식품보다 산업 원료로 더 많이 쓰였기 때문이야. 공장 운영자들은 소금세를 폐지하라고 압력을 넣었고, 정부도 소금세를 걷는 것보다 산업을 키우는 게 우선이라고 생각했지. 그럼 어디에서 소금세를 걷었느냐고? 식민지로 점령하고 있던 인도에서.

유럽이 식민지를 개척한 이유는 자기네 나라에서 만든 물건을 내다 팔고 원료를 싼값에 얻기 위해서였어. 영국은 인도를 강제 점령하면서 대량 생산으로 만들어 낸 온갖 상품을 내다 팔았어. 소금도 인도에 팔 목적으로 생산량을 크게 늘렸지.

그러나 인도는 국토의 삼면이 바다여서 소금을 쉽게 구할 수 있는 나라야. 물이 증발하면서 소금이 저절로 만들어지는 분지도 여러 곳이었어. 분지 가까이 사는 사람들은 햇볕이 좋은 날 소금을 긁어 가기만 하면 됐어. 내륙 지방에 사는 사람들도 바닷가에서 온 품질 좋은 소금을 싼값에 구입했지. 오랫동안 배를 타고 온 영국 소금은 값이 비쌀 수밖에 없었어. 품질이 좋으면서 가격도 싼 인도 소금과는 경쟁이 안 됐지. 그러자 영국은 자기네 소금을 팔기 위해 인도의 소금 생산에 간섭했어. 전매 제도를 실시해서 생산량을 줄였고, 영국 소금과 가격을 비슷하게 만들려고 세금을 물렸어. 그것도 모자라 인도 안에서는 소금 생산을 금지하는 법을 만들었어. 인도 사람들은 공짜로 긁어 쓰던 소금을 하루아침에 비싼 돈을 주고 사야 했어. 소금값은 원가의 2,400배나 됐어. 인도 사람들은 소금세를 없애라고 요구했지만, 영국은 콧방귀도 안 뀌었지.

이때 영국의 소금법에 대항하겠다고 나선 사람이 있어. 마하트마(위대한 영혼이라는 뜻)라고 불리던 간디야.

"공기와 물 다음으로 인간의 삶에 중요한 것이 소금이다. 소금은 가난한 사람들의 유일한 양념이다. 가축들도 소금 없이는 살 수 없다.…… 자유로운 국민이라면 바닷물이 빠져나간 해안가에 쌓인 소금을 집어 가기만 하면 된다."

간디는 잡지에 글을 써서 자기의 뜻을 알렸어. 집에서부터 멀리 떨어진 서쪽의 단디 해변까지 걸어가 소금을 만들겠다고 선언했어. 영국에서 보자면 간디의 행동은 소금법을 어기는 불법 행동이었지만, 간디는 그것을 '불복종 투쟁'이라고 불렀어.

1930년 3월 12일 아침, 간디는 집에서 나와 맨발로 걷기 시작했어. 간디의 집에서 단디 해변까지는 390여 킬로미터, 서울에서 부산만큼이나 먼 거리였어. 처음에는 78명의 지지자들이 간디 뒤를 따랐지만, 갈수록 '소금 행진'에 참가하는 사람이 늘었어. 간디가 지나는 마을마다 사람들이 몰려나와 꽃잎을 뿌리며 존경의 박수를 쳐 주었지.

간디는 24일을 꼬박 걸어서 마침내 바닷가에 도착했어. 4월 6일 아침, 해안의 모래 위에 소금이 하얗게 말라 가고 있었어. 간디는 소금을 한 움큼 집어 들었어. 사람들이 함성을 내지르며 너도나도 달려가 소금을 집어 들었어. 아이, 어른, 여자, 남자 할 것 없이 모두.

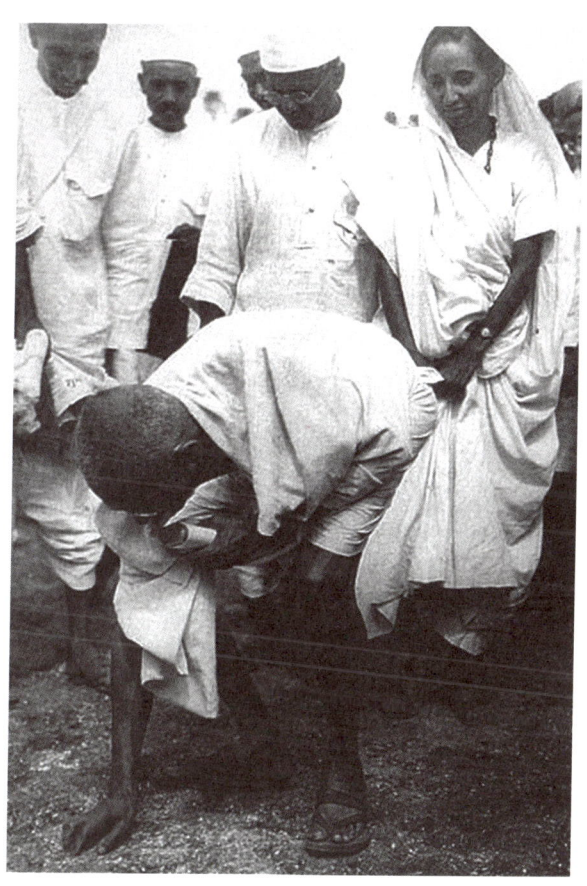

4월 6일 소금을 집는 간디 (출처:wikimedia)

간디와 지지자들의 소금 행진 (출처:wikimedia)

소금 행진이 있은 뒤, 인도 사람들은 소금법에 맞서기로 했어. 인도의 해변에서 소금을 생산했고, 시장에 내다 팔았어. 수만 명이 소금법을 어긴 죄로 체포되었지만, 인도 사람들은 소금 만들기를 포기하지 않았어. 경찰이 몽둥이를 휘두르면 그대로 맞고 쓰러졌지만, 소금을 빼앗으려고 하면 강하게 저항했어. 그로부터 1년 뒤, 인도 사람들은 다시 소금을 만들 수 있게 되었지.

왕이 된 소금 장수

293년 9월, 고구려 왕손인 을불은 남의 눈을 피해 대문을 나섰어. 을불은 냅다 달려서 동네를 벗어났어. 곧이어 널따란 들판이 나왔지만, 을불은 쉬지 않고 내달렸어. 힘껏 달려도 아버지의 슬픈 목소리를 떨쳐 낼 수가 없었어.

"아비에게 사약이 올 모양이다. 왕의 화가 장차 너에게 미칠 테니 어서 피하거라. 을불아, 살아야 한다. 폭정을 일삼는 왕은 오래 가지 못할 테니 희망을 버리지 말고 반드시 살아야 한다."

아버지 돌고는 왕의 동생이었어. 왕은 어릴 때부터 방탕하고 의심이 많았어. 왕위에 오르자마자 자기 삼촌이 왕위를 노린다며 누명 씌워 죽였어. 한 해가 지나서는 동생인 돌고마저 죽이려 했지. 다음은 을불의 차례인 것을 고구려 사람이라면 누구나 알았어.

을불은 집에서 멀리 떨어진 마을로 가 부잣집의 머슴을 살았어. 주인은 욕심 많고 사나워서 을불을 밤낮으로 부려먹었어.

"연못의 개구리가 울어 대서 잠을 못 자겠다. 밤새 지키며 울지 않게 해라."

"네 이놈! 어서 일어나지 못해? 아침 전에 땔나무 한 짐 해 오너라."
주인이 쉬지 않고 괴롭히는 통에 을불은 다른 마을로 도망쳤어. 그곳에서 소금 장수인 재모를 만났지. 재모는 을불의 곧은 심성을 알아보고 은근히 말을 붙였어.
"자네, 힘 좀 쓸 줄 아는가?"
"남의 집 머슴으로 단련한 몸이라 잔병치레는 하지 않습니다."
"셈은 잘하는가?"
"어릴 때 어깨 너머로 배웠습니다만, 그런 걸 왜 물으십니까?"
"내가 자네와 일을 함께하고 싶어 그러네. 자네라면 신의를 저버리지 않을 것 같아서 귀한 소금을 맡길 수 있겠어."
을불은 재모와 함께 소금 장사에 나섰어. 압록강에서 소금을 가져다 이곳저곳으로 다니며 파는 일이었어. 나쁜 사람을 만나 누명을 쓰고 관가에 끌려가 매를 맞기도 했지만, 아버지의 유언을 떠올리며 꿋꿋하게 견뎠어.
어느 날 을불이 배를 타고 강을 건너려는데, 낯선 사람들이 달려와 무릎을 꿇었어. 을불은 가슴이 쿵 내려앉았어. 왕이 자기를 죽이려고 보낸 신하들이라고 생각했지. 을불은 짐짓 시침을 떼며 물었어.
"귀하신 분들이 어찌 저 같은 소금 장수한테 절을 하십니까?"
"왕자님, 저희는 폭정이 심한 왕을 몰아내고 새 왕을 모시려고 왕실의 후손을 찾아다니고 있습니다. 부디 저희와 함께 가시지요."
"소금 장수한테 왕자라니요? 똑똑히 보고 말씀하시오."
"을불 왕자님, 차림은 감추셨지만 총명한 눈빛은 감추지 못하셨습니다.

부디 저희와 함께 가셔서 굶주리고 지친 고구려 백성을 이끌어 주십시오."

을불은 도성으로 돌아와서 몇 해 뒤 왕이 되었어. 왕이 된 을불은 중국계의 낙랑과 대방9)을 완전히 몰아내고 옛 고조선 땅을 되찾았어.

무엇보다도 을불은 소금 장수를 하며 겪었던 백성의 생활을 잘 이해하고 알뜰히 살폈어. 소금 장수 을불은 바로 고구려의 15대 미천왕이야.

9) 기원전 108년, 중국의 한나라 무제는 고조선을 멸망시키고 낙랑, 임둔, 현도, 진번의 네 개 군을 설치했다. 이를 한사군이라고 한다. 고조선 땅에 들어선 고구려가 점차 힘을 키우자, 한사군은 점차 위축되어서 서로 합하거나 이름을 바꿨다. 가장 나중까지 남아 있던 것이 낙랑과 대방인데, 미천왕이 이들을 몰아냈다.

자연이 준 선물, 소금

사람들은 오래전부터 짠 바닷물을 이용해 소금을 만들 줄 알았어. 햇볕과 물을 증발시켜서 소금을 얻었어. 이렇듯 자연에서 얻은 소금은 정말 귀한 존재였어. 바닷물을 커다란 솥에 넣고 끓이거나 염전에 가둔 채

할라이트 ⓒRob Lavinsky

　권력자들이 사랑했던 소금은 도대체 어떤 성질을 갖고 있는 걸까? 이번 장에서는 소금의 과학적인 성질에 대해 알아보자.

　소금은 여러 이름을 갖고 있어. 땅이나 암석의 성질을 연구하는 지질학자들은 소금을 '할라이트'라고 불러. 광산에서 캐낸 딱딱한 소금덩이를 가리키는 이름이야. 화학자들은 소금을 '염화나트륨'(기호로는 NaCl)이라고 불러. 염소(Cl)와 나트륨(Na)[1]의 화합물이라는 뜻이지.

　염소와 나트륨은 혼자 있을 때는 성질이 사나워. 연두색 기체인 염소는 독성이 강해서 세계 대전 때 독일군이 화학 무기로 썼을 정도야. 나트륨은 말랑말랑한 은색 금속인데, 물에 닿으면 폭발해 버리지. 땀이나 물에

---

[1] 나트륨은 라틴어 이름으로 요즘은 영어 이름인 '소듐(sodium)'도 함께 쓰고 있다. 그래서 염화나트륨도 염화소듐이라고 부른다. 그러나 이 책에서는 우리에게 더 널리 알려진 나트륨을 대표 이름으로 썼다.

젖은 손으로 나트륨을 만지면 화상을 입을 수도 있어.

이렇듯 지독한 성질을 가진 염소와 나트륨은 만나면 불꽃을 일으키며 재빨리 결합해. 결합한 염소와 나트륨은 질서 있게 늘어서면서 정육면체의 하얀 소금을 만들지.

소금을 네모난 상자로 생각하고 속을 들여다보면 염소 하나, 나트륨 하나, 염소 하나, 나트륨 하나……가 꽉 들어차 있는 셈이야. 소금을 아무리 작은 가루로 만들어도 정육면체인 겉모습과 염소, 나트륨의 결합이라는 속 모습은 변하지 않아.

그러나 크게 변한 게 한 가지 있어. 소금에서는 염소와 나트륨의 위험한 성질을 더 이상 찾아볼 수가 없어. 불꽃을 일으키며 결합하는 순간, 염소와 나트륨은 갖고 있던 사나운 성질을 버렸거든. 그리고 먹어도 안전한 소금, 우리 생명을 지켜 주는 고마운 소금을 만들었지.

소금이 없으면 못 살아

"소금 주세요, 소금!"

2011년 봄, 중국에서는 한바탕 소동이 일어났어. 사람들이 소금을 사려고 가게마다 북새통을 이루었고, 소금값은 하루가 다르게 올랐어.

때 아닌 소동은 일본에서 일어난 지진 해일 때문이었어. 엄청난 재해로 원자력 발전기가 고장 나면서 방사선에 오염된 물이 바다로 흘러들었거든.

사람들은 오염된 바닷물로 만든 소금을 먹게 될까 봐 불안했어. 게다가 소금에 든 요오드가 방사선 피해를 막아 준다는 소문까지 퍼졌어. 사실 소금 속 요오드는 치료 효과를 내기에는 너무 적은 양이었지만, 사람들은 차분히 따져 볼 겨를이 없었어. 남들보다 빨리, 더 많이 오염 안 된 소금을 사려고 아우성이었지.

이런 들썩임이 일어난 이유는 소금이 우리 생활에 꼭 필요하기 때문이야.

"소금이 없으면 싱거운 음식을 먹으면 되지, 왜들 난리람?"

혹시라도 이런 말은 하지 말아 줘. 소금을 먹지 않으면 사람은 생명을 잇기가 힘들단 말이야. 소금이 우리의 생명을 위해서 어떤 일을 하는지 몇 가지 예를 들어 볼게.

소화와 흡수를 돕는 소금

소금은 몸에 들어가면 염소와 나트륨으로 나뉘어. 염소는 위장으로 가서 소화액을 만들어. 위장은 음식을 잘게 부수어서 십이지장으로 보내는 기관이야. 음식물이 들어오면 음식물을 녹이기 위해서 위액을 분비하지. 바로 이때 염소가 활동해. 수소와 짝을 이뤄서 염산을 만들거든. 염산은 위액에 든 성분 가운데 하나인데,

단백질의 소화를 돕고 있어. 고기와 같은 동물성 단백질은 염산이 없으면 소화가 힘들어. 염산은 또 음식에 묻어 온 곰팡이나 박테리아를 살균해. 음식이 작은창자에 가서 영양소

소금 결정 (출처: wikimedia)

가 될 때까지 상하는 것을 막기 위해서야. 칼슘과 적혈구를 만드는 철분도 염산 때문에 몸에 더 잘 흡수되지.

나트륨은 포도당의 흡수를 돕고 있어. 포도당은 뇌신경 세포가 활동하는 데 꼭 필요한 영양소인데, 작은창자에서 몸 안으로 들어올 때 나트륨과 짝을 이루어야만 해. 포도당 혼자서는 작은창자를 벗어날 수가 없어. 작은창자에 나트륨이 충분하지 않으면 포도당 흡수는 그만큼 더디어질 테고, 뇌는 영양이 부족해서 힘을 쓰지 못할 거야.

세포의 활동을 돕는 소금

나트륨은 세포의 환경을 쾌적하게 만들어 줘. 세포는 크기가 0.01밀리미터밖에 안 되지만, 우리를 살아 움직이게 하는 존재야. 우리 몸에는 약 60조 개의 세포가 다닥다닥 모여서 저마다의 역할을 충실히 하고 있지. 이렇게 많은 세포가 실수하지 않고 일을 잘하려면 환경이 좋아야 해. 우리도 마찬가지잖아. 교실이 쾌적하고 조용해야 공부가 잘되지.

세포의 환경은 우리 몸 안의 물이야. 세포는 물과 매우 친해서 자기 안에도 많은 물을 갖고 있고, 평소에도 물에 둥둥 떠서 활동해. 이렇게 세포

안과 밖에 있는 물은 '체액'이라는 말로 모아 불러.

체액은 세포가 좋아하는 상태를 유지해야 해. 늘 깨끗해야 하고, 성질이나 양이 바뀌어서도 안 돼. 그래서 나트륨이 필요해. 나트륨은 칼륨과 함께 체액에 녹아 있으면서 환경 관리를 책임지고 있거든.

나트륨은 체액의 양이 변하지 않게 만들어. 체액이 언제나 약알칼리성을 유지하는 것도 나트륨 때문이야. 만약 체액이 산성이나 알칼리성으로 치우치면 우리 몸은 탈이 나고 말아. 나트륨은 또 칼륨과 함께 체액이 세포 안과 밖을 자유롭게 오갈 수 있게 해. 체액은 배달부 노릇을 톡톡히 하지. 안으로 들어갈 때는 세포에게 필요한 산소와 영양소를 배달하고, 밖으로 나올 때는 세포 활동으로 생긴 찌꺼기를 갖고 나오거든. 나트륨이 없으면 세포의 건강도, 체액의 건강도 기대하기 힘들어.

초고속 신호를 만드는 소금

나트륨은 신경 세포가 모인 신경계에서 특히 빛나는 활약을 펼쳐. 신경 세포는 우리 몸 구석구석에 퍼져 있는 초고속 통신망이야. 생김도 동그랗게 생긴 일반 세포와 달리 가늘고 긴 실 모양을 하고 있어. 눈, 코, 입, 귀 등에 들어온 정보를 뇌로 전달하고, 뇌의 명령을 온몸에 전해 주는 게 신경 세포의 임무야. 개가 으르렁거릴 때 도망치는 것, 졸려서 하품이 날 때 침대에 눕는 것, 심심해서 손가락을 까닥까닥하는 것들은 모두 신경 세포가 전해 준 뇌의 명령에 따라서 이루어진 거야. 신경 세포는 전기[2] 신호를

---

[2] 사람의 몸에는 우리가 느낄 수 없을 정도로 약한 전기가 흐른다. 이 전기를 '동물 전기' 또는 '생체 전기'라고 한다.

이용해서 뇌와 통신을 해. 이때 몸속에 전기를 공급하는 게 다름 아닌 나트륨이야. 세포 바깥의 체액에는 나트륨이 많이 녹아 있고, 세포 안의 체액에는 칼륨이 많이 녹아 있어. 이 둘은 세포막 둘레에 전기를 흐르게 해. 나트륨은 세포막 밖에서 양(+) 전기를, 칼륨은 세포막 안에서 음(-) 전기를 띠고 있지. 그런데 신경 세포에 특별한 신호가 들어오면 밖에 있던 나트륨들이 세포 안으로 마구 뛰어들어. 바로 이때 세포막 둘레를 흐르던 전기보다 100배쯤 강한 전기 신호가 발생해. 신경 세포 안에서 갑자기 번개가 치는 것과 같지.

 첫 번째 세포에서 일어난 전기 신호는 이웃 세포로, 또 그 이웃 세포로 끊이지 않고 전달돼. 이와 같은 신경 세포의 활약으로 눈, 코, 입 등이 알아낸 정보는 뇌로 들어가지. 뇌는 방금 들어온 신호가 무엇인지 밝혀내서 어떻게 움직이라는 명령을 내려.

"발밑에 떨어진 것은 오백 원짜리 동전이다. 허리는 아래로 굽히고, 오른팔은 아래로 뻗고, 엄지와 검지는 서로 부딪쳐서 동전을 주워." 하는 식이야. 명령을 받은 신경 세포는 허리로, 팔로, 손가락으로 신호를 보내서 동전을 줍게 만들어. 물론 이때도 나트륨이 일으킨 전기 신호가 작동하지.

신경 세포 안에 나트륨이 없으면 어떤 일이 벌어질까? 이 질문에 대한 답은 복어의 독에서 찾아볼 수 있어. 배가 볼록한 복어는 몸에 '테트로도톡신'이라는 독을 갖고 있어. 신경 세포 안에서 나트륨이 활동하는 걸 막는 물질이야. 조금만 먹어도 입술과 혀가 떨리고 구토가 일어나. 심하면 온몸이 마비되면서 호흡이 멈추고 말아. 우리 몸속에 나트륨이 없다는 것은 복어의 독을 먹는 것과 같다는 뜻이야. 나트륨이 정말 중요한 일을 하고 있지?

예로 든 세 가지 사실 말고도 소금은 우리 몸 안에서 여러 가지 이로운 일을 해. 그러나 세 가지 예만으로도 우리는 소금이 단순한 양념이 아니라 생명 활동에 꼭 필요한 영양소라는 걸 알 수 있어.

소금의 두 가지 진실

"소금은 몸에 해롭기 때문에 섭취를 줄여야 해."
우리는 이런 소리를 참 많이 들어. 그런데 이 책에서는 소금에 대해서 온통 좋은 소리만 하니 이상한 생각이 들지? 소금에는 두 가지 진실이 있어.
첫 번째 진실은 이거야.
"사람은 소금을 먹지 않으면 살 수 없다!"
소금은 몸 안에서 만들어지지 않는 영양소야. 또 오줌이나 땀으로 자꾸만 빠져 나가. 그래서 날마다 소금을 먹어 줘야 해. 이미 우리는 김치나 갖가지 반찬을 통해서 소금을 충분히 섭취하고 있어.
이제 두 번째 진실.
"소금을 너무 많이 먹으면 건강에 해롭다!"
건강에 해를 끼치는 건 소금 성분 가운데 나트륨이야. 나트륨은 우리 몸 안의 물, 즉 체액에 녹아 있어. 혈액도 체액의 일부이기 때문에 나트륨이 녹아 있어. 그런데 소금을 많이 먹어서 혈액에 나트륨이 많아지면 문제가 생기는 거야.
혈액은 나트륨 농도가 높아지면 물을 끌어 들여서 나트륨 농도를 정상으로 만들려고 해. 그러면 적당했던 혈액의 양이 갑자기 늘어나지. 이제 혈액의 통로인 혈관이 부담을 안게 됐어. 늘어난 혈액이 혈관 벽을 세게 누르기 때문이야. 이런 상태를 고혈압이라고 불러.
고혈압이 생기면 심장에도 부담이 가. 심장은 쿵쿵쿵 뛰면서 혈액을 우리 몸 구석구석으로 보내는 기관이야. 혈압이 높으면 심장도 힘을 더 많이 써야 하거든. 결국에는 심장이 지쳐서 큰일이 일어날 수 있어.

나트륨을 많이 섭취하는 일은 성장기 어린이에게도 해로워. 염산은 칼슘 흡수를 돕지만 나트륨은 칼슘 흡수를 방해하거든. 애써 섭취한 칼슘이 뼈 건강을 돕지도 못하고 몸 밖으로 빠져 나오면 너무 아깝지?

분명 소금은 생명을 유지하는 데 꼭 필요한 영양소야. 그러나 소금을 너무 많이 먹으면 건강에는 해로워. 이 두 가지 진실 사이에서 우리는 좀 더 깐깐하게 따져 볼 필요가 있어.

소금, 아니 정확하게 말해서 나트륨은 우리가 생각하지도 못한 음식에 꼭꼭 숨어 있어. 과자, 빵, 음료수는 짠맛이 나지 않지만 나트륨이 들었어. 케첩 같은 소스, 샐러드에 뿌리는 드레싱에도 나트륨이 들었고, 소시지, 라면 같은 가공 식품에도 나트륨이 어김없이 들어 있어. 나트륨은 삼겹살이나 우유, 오징어, 달걀 같은 자연 식품에도 들어 있지.

세계보건기구(WHO)에서 이만큼은 먹어도 괜찮다고 권장하는 나트륨의 양은 하루 2,000밀리그램이야. 그런데 우리는 그것의 두 배에서 많게는 세 배까지 먹고 있어. 김치나 간장, 된장, 고추장 같은 우리나라 음식에 소금이 많이 들어 있거든.

그러니까 우리 앞으로는 음식을 먹을 때 나트륨에 대해서 조금만 더 신경을 쓰자. 반찬은 되도록 싱겁게 먹고, 생각 없이 소금을 찍거나 소스를 뿌려 먹는 습관도 멀리하는 거지. 가공 식품을 먹을 때도 나트륨이 얼마나 들었는지 살펴보았으면 좋겠어. 겉봉에 표시된 영양 성분을 보면 나트륨 함유량을 알 수 있거든.

또 하나. 바나나, 토마토, 시금치, 감자, 상추와 같은 채소나 과일은 칼륨이 많이 들어서 나트륨 배출에 도움이 된다는 사실, 꼭 기억해 주기 바라.

소금은 어디에나 있다

"소금과 어울리는 말을 골라 보세요."

누군가가 이렇게 주문한다면 우리는 가장 먼저 바다를 떠올릴 거야. 소금과 바다는 떼려야 뗄 수 없는 관계잖아. 소금의 고향이 바로 바다니까 말이야.

소금은 무려 40억 년 전, 원시 바다가 만들어지고 나서 바다에 자리 잡았어. 아직 지구에 어떤 생명도 존재하지 않던 때였어.

그 무렵 지구에서는 화산 활동이 활발하게 일어났어.[3] 바다 밑도 예외는 아니었어. 엄청난 폭발로 거대한 산맥과 섬들이 생겨났고, 어마어마한 양의 가스가 흘러나왔어. 가스들 가운데에 있던 염소가 바닷물에 녹았지. 땅 위에서는 강한 산성비가 암석에 든 나트륨과 다른 원소들을 녹게 했어. 나트륨은 빗물을 타고 강으로, 강물을 타고 바다로 갔어.

한편 바다 밑바닥에도 마그마가 굳어서 생긴 암석들이 있었어. 온천처럼 뜨거운 물이 솟는 열수구도 있었지. 마그마 암석에서는 나트륨이, 열

---

[3] 약 46억 년 전, 지구는 우주에 떠도는 암석과 먼지를 끌어당기며 태어났다. 갓 태어난 지구는 너무나 뜨거워서 암석이 녹아 펄펄 끓을 정도였다. 이것을 마그마라고 하는데, 원시 지구는 온통 마그마의 바다였다. 수억 년이 지나자 지구의 온도가 서서히 내려갔고, 펄펄 끓던 지구는 겉부터 조금씩 딱딱해졌다. 그러나 깊은 속까지 모두 굳은 것은 아니었다. 땅속에 있던 마그마는 지구 표면의 약한 틈을 뚫고 위로 솟구쳤다. 이것이 화산 활동이다. 화산이 폭발하면서 생긴 수증기는 지구에 오랫동안 비를 뿌렸고, 마침내 바다가 생겨났다. 바다가 생기고도 지구에는 여전히 화산 활동이 일어났다. 바다 밖에서도, 바다 안에서도 화산 활동이 활발했다.

수구에서는 염소가 흘러나왔어. 바다에 모인 염소와 나트륨은 소금이 되었고, 수십억 년 동안 바다에 쌓였어. 바닷물이 햇빛에 증발하면 소금은 아래로 가라앉으며 바다를 더욱 짠물로 만들었지.

사람들은 오래전부터 짠 바닷물을 이용해 소금을 만들 줄 알았어. 바닷물을 커다란 솥에 넣고 끓이거나 염전에 가둔 채 햇빛과 바람으로 물을 증발시켜서 소금을 얻었어. 짠물을 솥에 넣고 끓이는 것은 아주 초보적인 기술이야. 요즘은 이런 방법으로 소금을 생산하는 곳이 많지 않아.

햇빛으로 바닷물을 증발시켜 만든 소금은 천일염이라고 부르는데, 계절이 뚜렷하고 뜨거운 여름이 있는 곳에서 많이 만들어. 유럽에서는 프랑스나 포르투갈, 아시아에서는 베트남, 인도, 중국 그리고 우리나라가 주요 생산지야. 호주나 멕시코처럼 비가 적게 내리는 곳도 천일염 생산에는 안성맞춤이지.

그런데 소금은 바다뿐 아니라 자연 어디에나 흔하게 널려 있어. 깊은 땅속, 높은 산꼭대기, 커다란 호수, 넓은 평원에도 있어. 소금이 바다에서

올라와 지구의 이곳저곳에 남게 된 이유는 지각 변동과 빙하기 같은 커다란 사건 때문이야. 소금은 우리 인간들이 겪지 못한 지구의 비밀을 고스란히 품고 있다고.

 그럼 땅속 깊이 숨어든 암염은 어떤 비밀을 안고 있는지 알아볼까?
 암염은 산이나 땅속의 소금 광산에서 캔 딱딱한 소금 덩어리를 말해. 자연 상태에서 만들어진 '광물'의 하나인데, 사람이 먹을 수 있는 광물은 암염뿐이야. 소금을 '먹는 돌'이라고 부르는 건 이런 이유에서지.
 암염은 대부분 지각 변동으로 생겨났어. 지진이나 화산, 대륙과 대륙의 충돌로 바다 밑 땅이 솟구치거나 육지로 변했을 때, 바닷물이 갑작스레 육지로 올라온 거야. 육지로 온 바닷물은 오랜 시간에 걸쳐 증발했고, 소금은 말라붙으면서 남게 되었지. 그 위로 흙과 모래가 차곡차곡 쌓이면서 소금을 눌렀어. 땅속으로 들어간 소금은 흙과 모래들이 누르는 힘 때문에 딱딱하게 굳으면서 층을 이루었어.
 암염은 땅속 깊은 곳에도 있고, 땅 위에도 있어. 안데스 산맥이나 히말라야처럼 높은 산에도 암염이 있지. 우리나라는 오래전부터 바다에서 소금을 얻었기 때문에 암염이 매우 낯설어. 그러나 암염은 세계 소금 생산량의 70퍼센트를 차지할 정도로 흔해.
 천일염이 흰색뿐인 것과 달리, 암염은 회색, 갈색, 파란색, 분홍색, 보라색 등의 다양한 빛깔을 자랑해. 땅속에 있는 동안 구리나 철 같은 광물이 녹아들었기 때문이야. 암염을 판매하는 외국 회사들 가운데는 특별한 소금 색깔을 상표로 내세워서 광고하는 곳도 많아. 지금도 독일, 폴란드, 미국, 스페인, 오스트리아 등지에 대규모 암염 광산이 남아 있어.

이번에는 높은 산으로 가 보자. 안데스 산맥과 히말라야 둘레의 소금 계곡 이야기야.

소금 계곡은 티베트 지역의 염정(鹽井, 옌징, 소금 우물이란 뜻)과 안데스 산맥의 페루에 있는 살리레나스가 유명해.

티베트나 안데스는 원래 대륙과 대륙 사이에 있던 해저의 땅이었어. 두 개의 대륙이 충돌할 때 밀어 대는 힘이 어찌나 강했는지 사이에 끼어 있던 땅이 밀려 올라가서 높은 산이 되었어. 로키 산맥이나 알프스 산맥도 모두 이렇게 태어났어.

소금 계곡은 염정이나 살리레나스가 유명하지.

쨍 쨍

살리레나스 소금 계곡 ⓒDarío Alpern

산꼭대기로 올라온 바다는 땅속에 암염을 숨겨 놓았어. 그사이 지구에는 몇 번의 빙하기가 찾아왔어. 그리고 다시 오랜 시간이 지나 빙하기가 끝났을 때 만년설이 녹아 흐르며 암염을 지나게 되었어. 암염을 지나온 물은 짜디짠 상태로 계속 흘러서 깊은 산에 계곡을 만들었지.

소금 계곡을 발견한 사람들은 다랑이논 같은 계단식 논을 만들고, 그 위에서 물을 증발시켜 소금을 만들었어. 이 방법은 대를 이어 전해져서 지금도 소금 계곡 사람들은 자기네 조상과 똑같은 방법으로 소금을 만들고 있어.

소금 호수들은 지각 변동의 영향을 받은 곳도 있고, 빙하기의 영향을 받은 곳도 있어. 빙하 시대에 만들어진 무겁고 커다란 빙하는 땅을 푹 꺼지게 만들었어. 그 빙하가 녹으면서 움푹 팬 땅에 물이 고여 호수가 되었지.

소금 호수는 바다보다 소금 농도가 훨씬 높아. 바다는 매우 넓은데다 빗물과 강물이 끊임없이 들어오기 때문에 소금 농도가 거의 일정해. 그러나 소금 호수에는 새로 들어오는 물은 없고 증발량은 많아서 소금 농도가 높을 수밖에 없어. 특히 비가 적고 기온이 높은 지역일수록 짠 소금 호수가 많아.

대표적인 곳이 사해(死海)야. 이름은 '죽음의 바다'지만 실은 커다란 소금 호수야. 사해는 해수면보다 무려 400여 미터나 낮은 곳에 있는데, 소금 농도가 바다의 7배 이상으로 높아. 이 때문에 사해에서는 세균을 빼고는 어떤 생물도 살지 못해. 이웃 요르단 강에서 홍수가 나면 물고기들이 사해로 떠밀려 오는데, 얼마 지나지 않아서 죽고 말아. 사람은 부력 때문에 몸이 둥둥 떠오르지.

사해는 요르단 강으로부터 물을 계속 받지만, 한여름 온도가 40도에 이를 정도로 뜨거워서 증발량이 매우 많아. 비 한 방울 내리지 않는 날도 꽤 많고. 환경이 이렇다 보니 사해의 수면은 점점 낮아지고 소금 농도는 자꾸 올라가고 있어.

사해가 바다보다 낮은 소금 호수라면 남아메리카 볼리비아의 우유니는 해발 3,500미터가 넘는 고산 지대의 소금 호수야. 우기에만 물이 얕게 고이고 건기에는 소금 벌판이 드러나기 때문에 소금 사막으로 부르기도 해. 수평선이 하늘과 맞닿아 있고, 찰랑거리는 물에는 하늘의 풍경이 그대로 비쳐. 그 모습이 마치 하늘을 비추는 거울처럼 아름답다고 해. 그래서 여행가들의 발길이 끊이지 않고 있지.

사해 ⓒxta11

볼리비아의 우유니 소금 호수 ⓒAnouchka Unel

　이 밖에도 세계에서 가장 덥고 위험한 소금 생산지로 에티오피아의 다나킬 평원이 있어. 다나킬은 지각 변동이 일어났을 때, 땅이 갈라지면서 밑으로 꺼지는 바람에 해수면보다 낮은 곳이 되었어. 바닷물은 모두 말라 버리고 소금만 두껍게 깔린 그야말로 소금 사막이야.
　다나킬의 환경은 매우 척박해. 한낮 기온이 40~60도를 오르내릴 만큼 뜨겁고, 마실 수 있는 물은 없어. 지표가 얇아서 곳곳에서 유독 가스가 새어 나오고, 용암을 뿜어내는 화산은 언제 폭발할지 몰라. 도무지 사람이 살 수 없을 것만 같은 황무지야. 그래도 다나킬 유목민들은 이곳을 자연의 선물로 여기고 있어. 품질 좋은 소금이 나는 땅이니까. 유목민들은 요즘도 낙타를 끌고 다나킬에 와서 소금 덩어리를 떼어 내고 있어.

다나킬 평원 ⓒRolf Cosar

짭짤한 상식

소금 광산의 변신

제2차 세계 대전을 일으킨 히틀러는 화가를 꿈꿀 정도로 미술에 관심이 많았어. 고향 린츠에 미술관을 세우는 게 꿈이었던 히틀러는 전쟁 중에 세계 여러 나라에서 미술품을 약탈했어. 약탈한 미술품은 여러 곳의 비밀 장소에 숨겼는데, 그 가운데 한 곳이 오스트리아에 있는 소금 광산이었어.

더 이상 소금을 캐지 않는 광산은 사람의 눈을 피하기에도 좋았고, 미술품을 보관하기에도 더 없이 좋은 환경이었어. 소금은 물기를 흡수하는 성질이 있기 때문에 습도가 적당하고, 온도도 계절에 관계없이 일정하거든. 또 소금 광산은 지하에 있기 때문에 자연재해에 안전해. 미술품이 빛에 망가질 일도 없어. 소금은 불에 타지 않으니 화재의 염려도 없지. 엄청난 물이 흘러들어서 소금이 녹지만 않는다면, 어떤 물건을 보관해도 마음을 놓을 수 있는 곳이 바로 소금 광산이야.

『오즈의 마법사』에 나오는 도로시의 고향 캔자스 주에는 규모가 큰 자료 보관 회사가 있어. 이 회사는 지하 200미터의 소금 방에 영화사의 원본 필름과 여러 회사의 귀중한 문서들을 맡아서 보관해.

그런가 하면 원유나 천연가스 같은 에너지를 소금 광산에 보관하는 나라도 있어. 미국은 1975년부터 텍사스 주와 루이지애나 주의 소금 광산에 원유를 보관하고 있고, 중국은 최근 강소성(江蘇省, 장쑤 성)의 소금 광산에 천연가스 저장 시설을 만들었어.

관광지로 이름난 소금 광산도 있어. 폴란드의 비엘리치카 소금 광산과 오스트리아의 할슈타트가 대표적이야.

비엘리치카 소금 광산은 1978년에 유네스코 세계문화유산에 지정되었어. 13세기부터 20세기까지 700년 동안 소금을 생산했는데, 최근에는 관광지로 이름을 떨치고 있지. 특히 이곳에는 소금을 깎아 만든 아름다운 조각품이 많이 남아 있는데, 모두 광부들의 솜씨라고 해. 그 가운데도 눈길을 끄는 곳은 성당처럼 꾸며 놓은 여러 곳의 방이야. 성경 속 이

비엘리치카 소금 광산 ⓒCezary p

비엘리치카 소금 광산 ⓒPoco a poco

야기를 조각한 소금 벽과 촛대, 제단이 정교하고 아름다워서 사람들의 감탄을 자아내지.

오스트리아의 할슈타트는 우리말로 풀이하면 '소금 도시'라는 뜻이야. 고대 켈트인들이 운영했던, 세계에서 가장 오래된 소금 광산이 남아 있어. 철기 시대의 켈트인들은 소금으로 쌓은 부로 우수한 문화를 일구었어. 지금도 '할슈타트 문화'는 유럽의 초기 철기 문화를 가리키는 말로 쓰이지.

산업의 밑거름이 된 소금

중세 염장 산업

중세까지만 해도 소금은 식품을 저장하는 데 주로 쓰였어. 식품은 오래 두면 햇빛이나 산소, 미생물 등의 영향을 받게 마련이야. 변해서 나쁜 냄새를 풍기거나 썩어서 못 먹게 되지. 그래서 사람들은 음식을 오래 두고 먹을 수 있는 저장법들을 궁리했어. 그 가운데 하나가 소금에 절이는 '염장법'이야. 각 나라마다 독특한 염장 식품이 있을 정도로 세계 여러 곳에서 널리 쓰인 저장법이야.

소금에 절인 식품은 왜 오랫동안 보관할 수 있는 걸까?

식품이 부패하는 데는 여러 이유가 있지만, 가장 큰 원인은 미생물의 활동이야. 미생물은 사람의 눈에는 보이지도 않는데, 한번 자리를 잡으면 어찌나 빠르게 불어나는지 순식간에 자기 세상을 만들어 버려. 그런 다음 식품의 맛도 냄새도 변하게 만들지. 우리는 이런 상태를 썩었다고 말해.

고등어는 역시 염장한 안동 간고등어지.

미생물은 물이 많은 곳에서 재빨리 번식하는 특성이 있어. 그래서 식품에서 수분을 빼 버리면 미생물이 자리 잡지 못하지. 소금을 이용하는 이유가 바로 여기 있어. 식품에 소금을 뿌리면 삼투⁴⁾ 현상이 일어나서 수분이 빠져 나오거든. 대신 소금물은 천천히 식품으로 배어들지. 김치를 만들 때, 뻣뻣하고 싱싱했던 배추에 소금을 뿌려 두면 축 쳐지며 절여지는 것을 보았지? 이게 바로 삼투 현상이자 염장법의 원리야.

수분이 빠졌으니 식품을 썩게 만드는 미생물은 살지 못해. 그뿐인가. 소금에 든 염소가 살균 소독까지 하는걸. 말하자면 소금이 미생물의 침입을 막으려고 담장을 쌓고 경비까지 서는 셈이야. 물론 소금의 방어선을 뚫고 침투하는 미생물도 있기는 해. 소금을 좋아하는 발효 미생물. 이 이야기는 다음 장에서 자세히 할게.

염장법은 고대 이집트 사람들이 일찍부터 이용해 왔어. 미라[5]를 만들면서 알아낸 소금의 효과를 음식에 적용했거든. 이집트에서는 사람이 죽으면 소금과 성분이 비슷한 '나트론'을 이용해 미라를 만들었어. 나일 강 유역에서 긁어 온 나트론을 시체에 듬뿍 뿌려서 수분을 몽땅 뺀 다음 보존했지. 이런 과정에서 알아낸 지식으로 이집트 사람들은 작은 새나 물고기를 소금에 절였어. 이집트의 염장 물고기는 다른 나라에 수출할 정도로 인기였어.

고대 중국도 채소를 소금에 절인 '저'가 있었어. 제사상에 올릴 정도로

---

[4] 삼투라는 말에는 스미어 침투한다는 뜻이 있다. 물만 통과할 수 있는 얇은 막을 사이에 두고 양쪽에 농도가 다른 소금물이 있을 때 물은 상대편으로 스미어 침투하면서 농도를 같게 만들려고 한다. 이때 소금 농도가 낮은 쪽 물의 움직임이 훨씬 빠르다. 소금 농도가 높은 쪽 물은 큰 소금이 가로막고 있어서 물의 움직임이 상대적으로 느릴 수밖에 없다. 그래서 농도가 낮은 쪽 물이 농도가 높은 쪽으로 더 많이 옮겨 간다.

[5] 이집트 사람들이 미라를 만든 이유는 죽고 난 뒤의 세계가 따로 있다고 믿었기 때문이다. 이집트 사람들은 죽고 나면 '오시리스'라는 신 앞에 불려가 심판을 받는다고 생각했다. 착하게 살았다면 오시리스의 왕국에 들어가 영원히 살 수 있다고 믿었다. 신의 왕국에서 살아가려면 육체가 필요하기 때문에 미라를 만들어 보존했던 것이다.

귀한 대접을 받았지만 지금은 이름도, 절이는 방법도 많이 바뀌었어.

　요정의 후예로 불리는 켈트족은 고대에 북유럽에 살았던 민족이야. 상상력이 풍부해서 많은 신화와 전설을 만들어 냈고, 발달한 철기 문화를 갖고 있었어. 켈트족은 청동기 시대부터 암염 광산을 개발했는데, 소금에 절인 돼지고기 뒷다리를 즐겨 먹었어. 이 음식이 오늘날 우리가 즐겨 먹는 햄이야.

　중세가 되면서 유럽에서는 염장 식품이 크게 발달했어. 가을이 되면 사람들은 겨울에 먹을 음식을 소금에 절이는 일부터 했어. 청어나 대구를 소금에 절여서 파는 일은 소금 판매만큼이나 큰 산업이 되었지.

　청어나 대구는 모두 떼를 지어 다니는 물고기야. 어찌나 빽빽하게 몰려 다니는지, 거대한 섬이 떠다니는 것 같다고 할 정도야. 산란기가 되면 수면 가까이로 올라오기 때문에 배를 타고 바다로 나가 그물만 던지면 어렵지 않게 잡을 수 있었어. 소금만 있으면 염장 생선을 만들기란 어렵지 않았지. 풍차와 튤립의 나라 네덜란드가 바로 청어 염장으로 일어선 나라야.

네덜란드의 수도 암스테르담을 '청어의 뼈 위에 세운 도시'라고 말할 정도야.

중세에 염장 생선 사업이 호황을 누린 데에는 종교적인 이유가 있어. 그때 유럽 국가 대부분은 가톨릭을 믿었어. 그래서 사순절과 같은 종교적인 날을 지켰어. 사순절은 예수가 부활하기 전 40일간을 가리키는데, 예수의 고난과 정신을 기리기 위해서 경건하게 보내야 했어. 몸가짐도 조심해야 했고, 술이나 고기를 먹어서도 안 됐어. 그러나 물고기는 금지하지 않았기 때문에 사람들은 생선을 통해 부족한 단백질을 보충했던 거야. 시간이 지나면서 교회는 예수가 못 박혔던 금요일에도 고기를 먹지 못하게 했어. 이런 사회적인 상황에서 염장 생선 산업이 발달할 수밖에 없었지.

그러나 호황을 누리던 염장 산업은 1800년대에 들어서면서 내리막길을 걸어. 통조림, 냉장, 냉동과 같은 새로운 식품 저장 기술이 속속 등장했거든. 염장 생선을 싣고 바다로 나가던 배들은 1800년대 후반이 되면서 냉동 시설을 갖추었어. 배들은 더 이상 소금을 싣고 다닐 필요가 없게 되었지. 소금의 운명은 이대로 끝나는 걸까? 아니, 그렇지 않아. 물론 생산 기술이 발달하면서 소금은 흔해졌고, 새로운 식품 저장법이 속속 발명되면서 부엌에서는 소금의 역할이 줄었어. 그러나 자연이 준 선물이 쓸모가 없어서 천덕꾸러기가 될 일은 없어. 산업 혁명이 시작되자 소금은 새로운 활동 무대를 갖게 되었거든.

짭짤한 상식

바다에서 조난당하면 마실 물이 없다?

혹시 영화나 만화에서 이런 장면 본 적 있니? 바다에 떠 있는 작은 배, 쨍쨍 내리쬐는 태양, 살갗이 빨갛게 탄 사람은 입술이 바짝 타서 하늘을 올려다보는 이런 장면.

왜 입술이 바짝 타느냐고? 마실 물이 없기 때문이지. 이상하게 들리지만, 바다에 조난당한 사람은 마실 물이 없는 게 제일 큰 고통이야. 만약 바닷물을 벌컥벌컥 마셔 버리면 탈수 현상이 일어나서 목숨이 위태롭거든. 바다는 진한 소금물로 이루어져 있잖아. 그래서 바닷물을 마시면 우리 몸의 체액 농도가 갑자기 높아져. 이럴 때 몸에서는 삼투 현상이 일어나게 되어 있어.

삼투 현상에 대해서 다시 한 번 이야기해 볼까? 농도가 다른 물이 반투과막을 사이에 두고 있으면 서로 스미어 침투해서 농도를 같게 만들려는 현상. 그런데 농도가 낮은 쪽 물이 소금의 방해를 덜 받기 때문에 더 많이, 더 빨리 이동해. 그래서 농도가 낮은 쪽의 물이 농도가 높은 쪽으로 빠져나오는 것처럼 보여.

바닷물을 마셔서 체액의 농도가 높아지면 체액에 떠 있던 세포의 소금 농도는

상대적으로 낮아져. 그래서 세포 안에 들었던 물이 반대편으로 빠져나오는 거야. 물이 적당히 들어 있어서 동글동글 탱탱했던 세포는 물이 빠지면서 쭈글쭈글하게 변해 버려.

여기서 곁가지로 살짝. 그럼 체액에 소금이 부족하면 세포에는 어떤 일이 일어날까? 농도가 낮은 쪽 물이 높은 쪽으로 이동한다고 했으니까 농도가 낮은 체액의 물이 세포 안으로 들어가겠지? 그러면 세포는 물이 많아져서 빵빵하게 부풀어.

앞에서 제나라의 관중이 환공에게 했던 말을 떠올려 보자.

"음식에 소금을 넣지 않으면 사람의 몸이 붓게 되니 영토를 지키는 나라는 군사들을 위해서라도 모두 소금을 구입할 것입니다."

소금을 먹지 않으면 체액의 농도가 낮아지니까 세포로 물이 들어가고, 세포가 부풀어 사람의 몸도 붓게 되는 거야.

다시 본 줄기로 와서. 바닷물을 마시면 세포에서 물이 빠져나온다고 했지? 이때 신장에는 비상이 걸려. 체액을 조절하는 신장은 늘어난 물과 소금을 몸 밖으로 내보내기 위해 부지런히 오줌을 만들지. 그런데 오줌으로 나오는 소금의 양은 한계가 있어. 한꺼번에 많이 내보내면 좋을 텐데 그럴 수 없으니 오줌을 자주 만들어서 소금을 내보내려고 하지. 결국 마신 바닷물보다 훨씬 많은 오줌이 몸 밖으로 나와. 그래서 세포의 체액과 세포 밖의 체액이 부족해지는 탈수 현상이 생기는 거야.

이제 알겠지? 바다에서는 아무리 목이 말라도 바닷물을 그냥 마시면 안 돼!

현대의 여러 산업

과학자들은 새로운 소금 이용법을 알아내는 데 관심이 많았어. 프랑스의 의사이자 과학자인 르블랑도 그 가운데 한 사람이야. 르블랑은 1791년에 소금을 이용해서 수산화나트륨을 얻는 데 성공했어. 수산화나트륨은 가성 소다 또는 양잿물이라고 불러. 비누와 유리를 만드는 원료인데 구하기가 쉽지 않았어. 그런데 르블랑이 대량 생산을 할 수 있게 만들었어. 르블랑은 부자가 될 꿈을 꾸며 파리 근교에 공장을 세웠어. 그런데 얼마 뒤에 프랑스 혁명이 일어나면서 르블랑의 꿈은 산산조각 났어.

르블랑은 어느 귀족의 주치의였는데, 공장을 지을 때도 그 귀족의 도움을 받았어. 프랑스 혁명은 부패한 귀족들 때문에 일어난 거잖아. 그러니 귀족의 측근인 르블랑을 혁명 정부가 곱게 볼 리 없었지. 르블랑은 애써 세운 공장을 혁명 정부에 빼앗기고 말아. 나중에 공장을 되돌려 받지만 실의에 빠진 르블랑은 일어설 힘이 없었어. 르블랑의 꿈은 몇 해 뒤 산업 혁명이 일어난 영국에서 실현되었지만, 르블랑은 이미 세상을 떠난 뒤였어.

산업 혁명 시기에는 화학 분야에도 혁명이 일어났어. 과학자들은 실험실에서 발견한 원소를 이용해 새로운 화합물을 만들었어. 또 이미 있는 화합물을 분해하기도 했지. 과학자들은 소금물을 전기로 분해해서 가성 소다, 염소, 수소를 얻는 데 성공했어. 이 셋은 산업 분야의 중요한 원료로 쓰이기 시작했어.

가성 소다는 섬유, 금속, 제지, 전자 등 여러 산업에 쓰이고 있어. 광물에서 금속을 뽑아낼 때도 쓰고, 유리나 도자기를 만들 때도 쓰여. 옷감에 염색이 잘되게 하고, 면직물의 이물질을 제거해서 깨끗하게 만들어. 종이를 만들 때도 펄프에서 필요 없는 물질을 떼어 내지. 비누나 세제를 만들 때, 머리를 곱슬곱슬하게 만드는 약품을 만들 때도 쓰여.

염소는 더러운 얼룩을 하얗게 만드는 표백 기능이 있고 살균 작용도 해. 세탁할 때 엄마가 쓰는 표백제 가운데 염소로 만든 제품이 많아. 농약, 의약품 등의 원료로도 쓰이지. 특히 정수장에서 물을 소독할 때 염소가 꼭 필요해. 염소로 소독한 물을 마시고 가성 소다로 만든 비누를 쓰게 되면서 사람들은 전염병에 걸리는 일이 줄었어. 우리가 깨끗한 환경에서 건강한 생활을 누리게 된 데에는 이렇듯 소금의 공이 컸다고.

소금은 겨울에 눈이 내렸을 때 도로에 제설제로 뿌려지기도 해. 소금이 물의 어는점을 낮추어 주거든. 물의 어는점은 0도이기 때문에 눈 녹은 물은 조금만 추워도 얼어붙어서 빙판길을 만들어. 그러나 소금물의 어는점은 0도보다 낮기 때문에 어느 정도 추위는 얼지 않고 견딜 수 있지.

어때? 소금이 하는 일이 정말 다양하지?

1800년대만 해도 소금은 가정에서 음식을 만드는 데 전부 쓰였지만, 200년이 지났을 때는 사정이 완전히 달라졌어. 지금은 전 세계 소금 소비량의 20퍼센트만이 먹는 용도로 쓰일 뿐이야. 나머지는 갖가지 산업에서 쓰이는데, 소금의 쓰임새는 14,000가지나 된다고 해. 우리가 생각하지도 못한 분야에서 소금은 멋지고 당당하게 활약하고 있지.

짭짤한 상식

소금은 고대의 의약품

고대에는 소금이 부엌뿐 아니라 진료실에서도 중요한 역할을 했어.

기원전 27세기, 이집트 왕국에는 '임호텝'이란 재상이 있었어. 그는 태양신에게 제사 지내는 제사장으로, 피라미드를 처음으로 설계하고 지은 건축가로, 질병을 치료하는 의사로 이름이 높았어. 죽은 뒤에는 치료의 신, 지혜의 신으로 떠받들어질 정도로 사람들의 존경을 받았어.

임호텝은 자기의 의학 지식을 파피루스에 기록해 두었는데, 그 가운데에는 소금을 치료약으로 썼다는 내용이 있어. 가슴에 상처가 났을 때 소금을 쓰면 상처가 빨리 마르고 소독이 된다는 내용이야.

기원전 1600년쯤에 쓰인 파피루스에는 변비 치료에 쓸 약으로 소금을 넣은 연고와 물약 만드는 법이 자세히 기록되어 있어.

의학의 아버지로 존경받는 그리스의 히포크라테스도 소금으로 호흡기 질환이나 소화 불량, 피부병을 치료했어. 로마 황제인 마르쿠스 아우렐리우스의 주치의도 상처나 변비를 치료할 때 소금을 썼지.

우리나라 중국에서도 소금은 중요한 약재로 대접받았어. 광해군 때 허준이 지은 『동의보감』에는 여러 질병의 치료약을 만드는 방법이 나오는데, 소금은 아주 많은 치료약에 골고루 들어가 있어. 중국 명나라 때의 의학서인 『본초강목』에도 소금의 성질과 종류가 자세히 기록되어 있지.

공경할 소금 장수 김두원

"위세와 무력에 굴하지 않고, 세력에 눌리지 않고, 잔인무도한 일본인을 잡아넣은 사람은 소금 장수 김두원 씨라."

1918년 4월 18일자 「신한민보」에는 '공경할 소금 장수 김두원'이라는 제목의 기사가 실렸어. 「신한민보」는 미국에 살던 교포들이 1909년에 창간한 신문이야. 우리나라를 침략한 일본의 정책을 강하게 비판하는 기사를 썼어. 이런 신문이 공경할 사람이라며 칭찬한 김두원은 누구일까?

김두원은 지금은 북한 땅이 된 함경남도 원산에 살던 소금 장수였어. 해마다 김장철이면 소금을 떼다 팔아 부자가 되었는데, 1899년 가을에도 경북 포항에 가서 시장에 내다 팔 소금을 천 섬 넘게 샀어. 그런데 일본인에게 사기를 당해서 그 많은 소금을 몽땅 잃고 말았어. 한 일본 상인 형제가 소금을 사겠다며 자기네 배에 싣고서는 밤새 줄행랑을 놓은 거야.

김두원은 억울한 마음을 우리나라(당시 이름은 대한제국) 정부에 하소연했지만, 몇 달 만에 돌아온 대답은 허탈했어. 소금 사기꾼들은 죄를 짓고 감옥에 간데다 빈털터리 신세라 소금값을 물어낼 형편이 안 된다는 거였어. 그러자 김두원은 서울에 있던 일본 공사관에 편지를 보냈어. 1900년에 일어난 장고도 사건을 근거로 대며 일본 정부가 소금값을 책임지라고 요구했지.

장고도 사건은 충청도의 장고도에서 일본인 배가 암초에 걸려 난파한 일을 말해. 일본은 우리나라의 암초 때문에 벌어진 일이니 우리 정부가 책임져야 한다고 우겨서 기어이 손해 배상을 받아 냈어. 김두원은 우리나라도 암초의 잘못을 배상했으니 일본도 국민의 잘못을 책임지라고 주장한 거지. 그러나 일본은 소금 사기꾼은 벌 주었으니, 소금값을 대신 낼 수 없다고 버티었어.

김두원은 신문사에 호소문을 보내 억울함을 하소연하고, 일본 정부에 끊임없이 편지를 보내 문제 해결을 요구했어. 우리나라에 파견되어 온 일본 공사 하야시가 탄 인력거를 넘어뜨리고 일본 경찰을 찾아가 큰소리를 치기도 했지.

"원산에 사는 김두원 씨는 몸은 죽을 지경이 되고 억울한 마음은 어쩌지 못하여, 일본 경찰에 갔다가 잡혀갔다더라."

신문에는 이런 기사가 실리고는 했어. 실제로 김두원은 억울함을 호소하러 다니다 감옥에 갇혀 징역을 살았을 뿐 아니라, 섬으로 유배를 당하기도 했어. 그래도 김두원은 계란으로 바위치기 같은 싸움을 끈질기게 이어 갔어. 일본 정부는 김두원에게 얼마간의 위로금을 주겠다며 달랬지만 김두원은 거절했어.

"위로금은 억만금을 준대도 필요 없으니 소금값을 물어내시오."

그러나 일본은 사건이 일어난 지 25년이 지나도록 김두원의 말에 귀 기울이지 않았어. 50대였던 김두원은 어느새 수염이 허연 할아버지가 되었고, 우리나라는 일본에 강제로 점령되어 암울한 시대를 보내고 있었지.

나라를 빼앗긴 사람들은 김두원의 굽히지 않는 태도를 일본에 대한 저항으로 생각했어. 신문들은 '기운 좋은 김두원', '공경할 소금 장수 김두원', '25년 동안 청춘을 바쳐 싸운 김두원' 같은 기사를 쓰며 김두원의 기개를 알렸지.

그러나 김두원이 소금값을 받아 냈다는 기록은 어디에도 없어. 하긴 소금값을 줄 것 같았으면 25년 동안 모르쇠로 나오지도 않았겠지.

김두원의 사건을 통해서 우리는 힘으로 남의 나라를 침략한 자들의 야만성을 엿볼 수 있어. 백성의 고통에 눈 감을 수밖에 없는 힘없는 국가도 그저 안타까울 뿐이고 말이야.

3 문화를 꽃피운 소금

소금의 영향을 받은 건 언어나 지명뿐만이 아니야. 종교나 생활 풍습, 음식 문화에도 소금이 녹아 있어. 소금은 문화를 널리 전파하기도 했어. 소금 상인들이 이곳저곳 옮겨 다니며 자기네 풍습과 생각을 전했거든. 덕분에 문화는 훨씬 다양하고 풍요로워졌지.

 "병사들이여, 그동안 고생했으니 살라리움을 받게."
 로마 정부는 병사들에게 소금이나 소금 구입비를 주었어. 이것을 살라리움(salarium)이라고 하는데, 급여를 가리키는 영어 샐러리(salary)의 뿌리가 되었어. 군인을 가리키는 영어 솔저(soldier), 샐러드(salad), 소스(sauce)가 모두 소금에서 뻗어 나온 말이야.
 소금은 이렇게 우리가 일상적으로 쓰는 말에 살며시 녹아들었어. 또 도시나 큰길의 이름에도 흔적을 남겼어.
 이탈리아의 로마에는 살라리아 가도가 있어. 뜻풀이를 하면 '소금 길'이야. 고대 로마 제국이 바닷가 염전에서 소금을 운반해 오려고 닦은 도로지.
 오스트리아의 도시 잘츠부르크는 '소금 성(城)'이란 뜻이야. 이곳에는 유명한 소금 광산이 있는데, 중세 시대부터 여기서 나오는 세금으로 높은 곳에 성을 짓고 도시를 발전시킬 수 있었어.

우리나라에도 소금 때문에 생겨난 지명이 많아. 서울의 염창동은 소금 창고가 있었고, 염리동은 소금 장수들이 모여 살았어. 울산의 염포동, 부안의 염수동, 진도의 염장리, 영광의 염산면은 모두 소금을 생산하던 곳이야.

소금의 영향을 받은 건 언어나 지명뿐만이 아니야. 종교나 생활 풍습, 음식 문화에도 소금이 녹아 있어. 소금은 문화를 널리 전파하기도 했어. 소금 상인들이 이곳저곳 옮겨 다니며 자기네 생각과 풍습을 전했거든. 덕분에 문화는 훨씬 다양하고 풍요로워졌지.

짭짤한 상식

사연이 있는 소금

◉ salt of the earth

예수가 갈릴리 산에서 제자들에게 말했어. '너희는 세상의 소금(salt of the earth)이니 소금이 만일 그 맛을 잃으면 무엇으로 짜게 하리요.' 예수의 가르침을 전파하는 제자들은 소금처럼 소중하고 필요한 사람들이라는 뜻이야. 성경에서 유래한 'salt of the earth'는 지금도 훌륭하고 좋은 사람을 가리킬 때 써.

◉ above the salt, below the salt

중세 유럽에서 귀족들의 소금 사치는 유별났어. 화려하고 값비싼 소금 그릇을 식탁에 놓는 것으로 자기를 과시했고, 누가 소금 그릇 가까이에 앉는가도 큰 관심사였어. 대개 신분이 높고 귀한 손님일수록 소금 그릇과 가까운 곳에 앉았고, 별 볼일 없는 손님은 멀리 앉았어. 이런 풍습에서 'above(~보다 위에) the salt', 'below(~보다 아래에) the salt'라는 말이 생겨났어. 이 말은 요즘도 신분이 높은 사람이나 높은 자리(above the salt), 신분이 낮은 사람이나 낮은 자리(below the salt)를 가리키지.

🔸 go back to the salt mines

곧이곧대로 풀이하자면 '소금 광산(salt mines)으로 돌아가자.'는 뜻이야. 여기에서 소금 광산은 고된 일을 가리켜. 소금 광산에서 기계의 힘을 빌지 않고 딱딱한 암염을 떼어 내는 건 무척이나 힘든 일이었어. 그러나 힘들다고 쉽게 그만둘 수도 없었지. 그저 묵묵히 일할 수밖에. 'go back to the salt mines'는 '다시 일터로 돌아가 묵묵히 일하자.', '다시 열심히 공부하자.'는 의미로 쓰이고 있어.

소금이 실어 나른 문화

"제 이름은 관우이고, 자는 운장입니다. 고향은 산서성인데……."

중국의 고대 소설 『삼국지연의[1]』에 나오는 관우는 촉나라의 장수였어. 무술 실력이 뛰어났고, 유비에게 변함없는 충성과 의리를 지킨 영웅이야. 이 때문에 중국 사람들은 관우를 장군신으로 떠받들어.

중국 사람들의 관우에 대한 믿음은 대단해. 관우의 신상[2]을 가게나 집 안에 모셔 두고 아침마다 소원을 빌어.

"매일매일 돈 잘 벌게 해 주시고, 복도 많이 주세요."

돈과 복을 비는 이유는 관우가 재물의 신도 맡고 있기 때문이야. 용맹한 장군이 재물의 신이 된 데에는 관우의 고향인 산서성 사람들의 힘이 컸어.

산서성(山西省, 산시 성)은 태행(太行, 타이항) 산맥의 서쪽에 있다고 해서 붙여진 이름이야. 고원 지대에 자리 잡은데다 날씨가 건조해서 농사를 짓기가 어려웠어. 그래서 산서 사람들은 일찍부터 다른 도시를 돌며 소금 장사를 했어. 산서성 남쪽에는 커다란 소금 호수인 '해지(解池, 제츠)'가 있었거든.

---

1) 원나라의 나관중이 쓴 중국의 고대 소설이다. 흔히 '삼국지'라고 부르는데, 정확하게 구분하자면 『삼국지』는 역사책이다. 위, 촉, 오 세 나라가 탄생하던 때부터 진나라가 천하를 통일하던 60여 년을 담고 있다. 역사책인 『삼국지』를 바탕으로 여러 가지 전설을 재미있게 꾸며 쓴 소설이 바로 『삼국지연의』다.
2) 신의 모습을 표현해 놓은 조각이나 그림.

해지는 세계에서 가장 오래된 소금 생산지 가운데 하나야. 고고학자들은 이미 6,000년 전부터 사람들이 해지에서 소금을 채취했다고 말해.

산서성 상인들은 해지의 소금을 중국 구석구석으로 실어 날랐어. 전매 제도 때문에 감시가 심할 때는 비밀 모임을 만들어서 몰래 소금을 팔았어. 상인들이 모이는 비밀 장소는 남의 의심을 피하려고 관우 사당처럼 꾸몄지. 산서성 상인들의 활동이 늘수록 사당도 늘었고, 관우에 대한 중국 사람들의 관심도 자연스레 늘었어.

"산서성 사람들이 돈을 잘 버는 건 관우의 보살핌 때문이래."

"소금을 몰래 팔면서 들키지 않는 것도 관우 때문이 아닐까? 관우는 힘없는 백성 편이라잖아."

"나도 오늘부터 부자가 되게 해 달라고 관우 신에게 빌어야겠다."

관우에 대한 사람들의 믿음은 신앙으로까지 발전했어. 전쟁 때는 군사를 돕고, 가뭄이 들 때는 비를 내려 주고, 평소에는 못된 귀신을 몰아낸다고 생각했어. 지금도 중국 곳곳에는 관우의 사당이 즐비하고, 백화점이나 박물관에서는 관우의 신상을 팔아.

관우 신앙은 임진왜란 뒤에 우리나라에도 전파되었어. 전쟁을 도왔던 명나라가 관우의 혼이 나타나 군사를 보살폈으니 사당을 지으라고 조선 성부에 요청한 거야. 그때 지은 관우의 사당이 보물 제142호인 서울의 '동관왕묘'야. 줄여서 '동묘'라고도 불러.

소금 상인들의 문화 전파는 사하라 사막 서남

관우 ⓒQiaolianPlz

부의 말리 공화국에서도 확인할 수 있어. 팀북투를 기억해? 중세의 낙타 상인들이 사하라를 넘어가서 짐을 풀었던 도시, 소금과 황금을 맞바꾸던 사막의 항구 도시 말이야.

말리에서도 외진 곳에 있는 팀북투는 1988년에 유네스코 세계문화유산이 되었어. 중세에 흙으로 지은 이슬람 사원 세 곳이 대표적인 문화유산이야. 이슬람은 7세기에 아라비아에서 탄생한 종교인데, 중세에 사하라 사막을 넘어 팀북투까지 진출했어. 낙타 상인들이 소금과 이슬람 문화를 함께 실어 날랐던 거야. 이슬람 사람들은 공부하기를 좋아해서 장삿길에도 책을 갖고 다녔어. 팀북투 사람들도 책을 무척 사랑했어. 새로운 책을 만나면 정성껏 베껴 두었고, 그런 책을 모아 도서관을 꾸미는 사람도 많았어. 책이 많으면 부자로 인정받았지. 이런 분위기 때문에 팀북투에는 의학, 법학, 철학, 과학, 종교 등 온갖 책들이 모였어.

책에 대한 소문이 퍼지면서 사람들도 팀북투로 모였어. 새로운 학문에 목마른 학자들, 기술자들, 다른 사람과 토론을 벌이고픈 사람들. 이들이 모여 공부하는 대학이 곧 문을 열었어. 소금에 실려 온 이슬람 문화는 팀북투를 학문의 도시로 바꿔 놓았어. 그러나 팀북투의 영광은 오래 가지 않았어. 유럽 무역 시장에 변화의 바람이 불면서 팀북투에도 영향을 주었거든.

변화의 바람은 대서양 인근 국가에서 불기 시작했어. 포르투갈과 에스파냐(지금의 스페인)가 탐험을 시작한 거야. 중세 유럽 사람들에게 대서양은 무서운 바다였어. 바다 끝은 낭떠러지라고 생각했기 때

진흙으로 지은 팀북투의 사원 ⓒKaTeznik

문에 먼 바다로 나가는 것은 상상도 못 할 일이었어. 적도 부근의 바닷물은 펄펄 끓는다는 말도 믿었어. 그러나 탐험가들의 생각은 달랐지.

'대서양으로 나가면 인도로 갈 수 있어. 인도에서 향신료를 직접 사 온다면 부자가 되는 건 시간문제야.'

포르투갈과 에스파냐 정부는 탐험가에게 항해 비용을 대 주었어. 많은 탐험가가 대서양 뱃길을 이용해 아프리카 남단에, 아메리카에, 인도에 닿았지. 베네치아 같은 지중해 국가들이 주름잡던 유럽의 무역 시장은 대서양 국가들로 넘어갔어. 포르투갈과 에스파냐의 뒤를 이어 네덜란드와 영국이 유럽의 강자로 떠올랐어. 대서양 국가들은 인도로 가서 향신료를 실어 왔고, 아프리카 남단에서 금을 사들였어. 상인들은 팀북투보다 교통이 편한 곳에서 금을 얻을 수 있었어. 목숨을 걸며 힘들여 사막을 건널 필요가 없어진 거야. 팀북투에는 낙타 상인들의 발걸음이 뚝 끊겼어. 소금과 황금을 맞바꾸던 풍경도 더 이상 볼 수 없었지. 팀북투는 사람들의 기억에서 서서히 사라져 갔어. 그런데 요즘 팀북투가 다시 사람들의 눈길을 받고 있어. 팀북투에서 진귀한 책들이 잇달아 발견되었거든. 학자들은 책을 찾아 팀북투로 모여 들고, 세계 여러 나라가 도서관과 연구소를 지어 주겠다고 나섰어.

새로운 시장이 생겨나자 상인들은 미련 없이 떠났지만, 문화는 오래도록 팀북투에 남아 있었던 거야. 찬란했던 팀북투의 문화는 기지개를 켜며 다시 꽃 피울 준비를 하고 있어.

짭짤한 상식

소금 시장에서 시작된 오광대놀이

"말뚝아, 말뚝아!"

"말뚝인지 쇠뚝인지 삼사월 방뚝인지……."

말뚝이를 비롯한 다섯 명의 광대가 탈을 쓰고 노는 오광대놀이. 경상도 일대 가산, 고성, 진주, 통영 등으로 퍼져 나간 오광대놀이는 모두 밤마리에서 영향을 받았어.

밤마리는 경남 합천군 율지리의 옛날 이름인데, 한때 커다란 장이 서던 곳이야. 낙동강 가까이 있는데다 여러 고장의 길목에 있어서 상업의 중심지로 안성맞춤이었어. 1930년대까지만 해도 낙동강에는 소금 배가 다녔어. 상인들은 바닷가에서 소금을 싣고 낙동강으로 와 밤마리에서 곡식이나 채소와 바꾸어 갔어. 상인들은 여름철이면 소금과 해산물을 많이 팔기 위해 며칠씩 난장을 텄는데, 사람들을 불러 모으려고 광대패를 불렀어. 이때 오광대놀이가 특히 인기가 많았어.

시장에 왔던 사람들은 자기네 동네로 돌아가서 밤마리에서 보았던 오광대놀이를 따라 놀기 시작했어. 밤마리의 놀이는 그 지역의 다른 놀이와 섞이고, 지역 사람들의 생각을 담으면서 새로운 오광대놀이로 발전했어.

소금아 재미있는 이야기를 들려줘

"소금은 왜 바닷물에 들어갔어?"

"원시 지구가 태어났을 때 염소와 나트륨 같은 원소가 바다에 모여 소금이 된 거야."

과학이 발달한 요즘에는 이런 질문과 대답이 전혀 어색하지 않아. 그러나 옛날에는 그렇지 않았을 거야. 옛날 사람들은 똑같은 질문을 받으면 머리를 긁적이면서 '어어, 그건, 아마 이런저런 이유가 아닐까?' 하고 추측해서 대답했겠지. 그 가운데 상상력이 뛰어난 사람들은 엉뚱하지만 그럴듯한 이야기를 만들어 냈을걸. '바닷물이 짠 이유'라는 옛날이야기도 그렇게 태어났을 거야.

다들 알지? 도둑이 훔친 요술 맷돌이 가라앉은 뒤로 바닷물이 짜졌다는 이야기. 맷돌은 멈추라는 주문을 걸어 주는 사람이 없어서 지금도 계속 돌며 소금을 만들고 있대.

신기하게도 요술 맷돌 이야기는 우리나라뿐 아니라 멀고 먼 북유럽에도 신화로 전해지고 있어.

무대는 지금의 덴마크 지역. 옛날 이곳의 어느 왕국에 거대한 요술 맷돌 그로티가 있었어. 그로티는 돌리는 사람의 소원을 모두 들어주었지만, 너무 크고 무거워서 보통 사람의 힘에는 꿈쩍도 안 했어. 왕은 이웃 나라에서 거인 둘을 데려다 맷돌을 돌리게 했어.

"맷돌을 돌려라, 쉬지 말고 돌려라. 나를 위해 평화와 번영과 황금을 만들어라."

거인들은 한숨도 못 자고 맷돌을 돌려야 했어. 지친 거인들은 감시가 소홀한 틈을 타서 왕에게 맞설 바이킹을 만들었지. 그날 밤, 맷돌에서 나온 바이킹은 왕을 무찌르고 맷돌을 훔쳐 바다로 달아났어. 거인들도 바이킹을 따라갔어. 그러나 거인들은 이번에도 쉴 수 없었어. 바이킹은 소금을 팔아 부자가 되겠다며 어서 만들어 내라고 재촉했지. 배 안에는 소금이 잔뜩 쌓였지만 바이킹의 욕심은 멈추지 않았어. 결국 배는 바닷속으로 가라앉았어. 커다란 그로티의 구멍으로는 바닷물이 빨려 들어갔는데, 이따금씩 큰 소용돌이를 일으킨대. 지금까지도.

이런 이야기를 만들고 즐긴 사람은 바닷물로 만든 소금을 먹었을 거야. 옛날이야기에는 생활 모습이 담기게 마련이거든. 소금 광산이나 소금 호수 가까이에 살던 사람은 다른 소금 이야기를 만들었겠지? 안데스 산맥의 잉카 사람들처럼 말이야. 잉카 사람들은 소금의 기원을 바다가 아닌 산속 동굴에서 찾았어.

어느 마을에 카치라는 소녀가 있었어. 카치는 얼굴이 예뻤지만 마음은 그렇지 못했어. 자만심에 빠져서 어디서건 잘난 체를 했어.

"나처럼 예쁜 사람은 좋은 음식을 먹고 예쁜 옷을 입어야 해. 결혼도 멋진 사람과 해야지."

카치는 마음에 쏙 드는 상대를 찾았어. 바로 태양신 인티였어. 카치는 태양신을 찾아가 청혼하기로 마음먹고 마녀를 찾아가서 인티가 사는 곳을 물었어. 마녀가 음흉하게 웃으며 말해 주었지.

"만년설이 뒤덮인 산 아래에 가면 깊은 동굴이 있지요. 태양신 인티는 바로 그곳에 산답니다."

카치는 마녀가 가르쳐 준 곳으로 정신없이 달려갔어. 그곳에는 태양신 인티가 곤히 잠들어 있었어. 카치는 태양신의 뺨에 입을 맞추고 큰 소리로 외쳤어.

"이제 태양신은 내 거야. 인티는 영원히 내 거야!"

그 소리에 근처에 있던 바위가 굴러 떨어지며 동굴 입구를 꽉 막았어. 순간 태양신 인티가 온 데 간 데 없이 사라졌어. 카치가 놀라서 두리번거릴 때 밖에서 마녀의 웃음소리가 들렸어. 카치는 속은 것을 알아채고 입구로 달려갔지만 나가는 곳은 어디에도 없었어.

카치가 자기의 어리석음을 깨달으며 주저앉았지만 이미 때는 늦었어. 카치는 눈물과 콧물을 흘리며 하염없이 울기 시작했어. 카치의 눈물과 콧물은 바위 틈새로 빠져나가면서 굳어져 안데스 산맥의 암염이 되었대.

중국의 오래된 소금 호수에도 신들의 이야기가 녹아 있어. 산서성의 소금 호수인 해지는 물이 자줏빛인데, 사람들은 그 이유가 신들의 전쟁 때문이라고 생각했어.

중국 신화에서 황제는 하늘 한가운데를 맡아 다스리는 최고의 신이야. 농사의 신이자 불의 신인 염제와 싸워 이긴 뒤에 그 자리를 차지했어. 염제는 남쪽으로 밀려나야 했지. 그러자 염제의 후손인 치우[3]가 황제에게 도전장을 내밀었어.

---

[3] 중국은 황제, 염제와 함께 치우를 중국의 3대 조상으로 모시지만, 국내 학자들 가운데는 치우를 우리 조상이라고 주장하는 이가 많다. 한국 국가 대표 축구팀 응원단 붉은 악마의 상징으로도 잘 알려져 있다.

치우는 '구려'라는 신족의 우두머리인데, 형제가 81명이나 되었어. 치우 형제는 모두 구리 머리와 쇠 이마를 갖고 있었어. 머리에는 뿔이 났고 온몸은 붉었으며, 끼니로는 모래와 돌을 먹었어. 생김도 생활도 괴상하기 이를 데 없었지만, 칼과 창을 만드는 솜씨가 뛰어나서 누구도 함부로 대하지 못했지.

치우는 황제와 전쟁을 치르기 위해 탁록 들판으로 달려갔어. 81명의 형제와 바람의 신, 비의 신, 거인 종족, 도깨비 종족이 치우 뒤를 따랐어. 황제 쪽 군대도 만만치 않았어. 호랑이, 표범, 곰, 독수리 같은 맹수와 날개 달린 용, 황제의 딸이자 가뭄의 여신인 발이 나섰어.

신들의 전투는 치열했어. 황제와 치우의 괴력이 탁록 들판을 흔들었지. 처음에는 치우 쪽이 승승장구했지만, 날개 달린 용과 여신 발이 나서면서 승리는 황제 쪽으로 기울었어. 치우의 형제는 모두 죽고, 마지막까지 남아 싸우던 치우는 날개 달린 용에게 사로잡히고 말았어.

황제는 치우를 즉시 처형했어. 치우가 죽어 가면서 흘린 엄청난 피가 탁록 들판을 적시며 해지로 흘러들었어. 그때부터 해지의 물이 자줏빛을 띠게 되었다고 해.

치우(출처: wikimedia)

악마와 귀신은 소금을 무서워해

"엄마, 소금을 쏟았어요. 엉엉. 이제 어떻게 해요? 악마가 나를 찾아올 거 아니에요?"

중세 유럽의 가정에서는 이런 모습을 심심치 않게 볼 수 있었어. 소금을 쏟으면 악마가 불행을 가져온다는 믿음이 널리 퍼졌기 때문이야.

엄마는 우는 아이를 다독이며 해결 방법을 알려주지.

"그 소금을 주워서 왼쪽 어깨 뒤로 던지렴. 어서."

사람들은 악마가 항상 왼쪽 어깨 뒤에 서 있다고 생각했어. 그래서 소금을 던지면 악마를 쫓을 수 있다고 여겼어. 악마는 소금을 무서워한다고 믿었거든.

"그래도 무서워요."

겁먹은 아이에게 엄마는 베개 밑에 소금을 넣어 두라고 일러 줘.

"침대에도 뿌리면 안 돼요? 음, 창문이랑 방문에도요. 안 그러면 너무 무섭단 말이에요."

"그렇게 해라. 그렇지만 소금은 비싸니까 아껴서 뿌려야 해."

그제야 아이는 마음을 놓았어. 악마가 싫어하는 소금을 뿌려 두었으니 편히 잠들 수 있었지.

우리나라 사람들도 소금이 몹쓸 귀신을 물리친다고 생각했어.

"엄마, 이불에 지도 그렸어요."

"으이그. 네가 허약하니까 못된 귀신이 붙었구나. 이웃집에 가서 소금을 얻어 오려무나."

밤새 이불에 실례를 한 아이는 머리에 키를 쓰고 이웃집에 소금을 얻으러 갔어. 소금을 뿌려서 귀신을 쫓아내려고 한 거야. 굳이 이웃집까지 보낸 건 부끄러움을 느끼고 실수를 고치라는 뜻이지.

소금이 귀신이나 악마를 물리친다는 믿음은 전 세계에 퍼져 있어. 이런 믿음은 다양한 풍습을 만들어 냈어. 어떤 사람들은 어두운 곳을 다닐 때 귀신을 피하려고 소금을 갖고 다녔어. 어떤 사람들은 갓 태어난 아이를 보호하기 위해 소금물로 씻어 주거나 요람에 소금을 놓아두었지.

또 소금을 신에게 올리는 신성한 제물로 여긴 곳도 많아. 『구약 성경』에는 하나님께 올리는 제물에는 소금을 치라는 가르침이 나와. 고려나 조선 시대에도 나라의 큰 제사에는 소금을 올렸어. 소금은 호랑이 모양으로 괴어서 올렸다고 해.

소금을 물의 신으로 여겼던 풍습도 있어. 우리나라 사람들은 정월 대보름이 되면 지붕이나 굴뚝에 소금을 뿌리며 불이 나지 않게 해 달라고 빌었어. 이를 불막이 또는 화재막이라고 해. 옛날에는 초가지붕이 많아서

화재가 나면 삽시간에 온 마을로 번지기 일쑤였어. 그래서 생각해 낸 게 바다에서 난 소금을 뿌리는 것이었어. 바다의 기운이 화재를 막아 주기 바라는 마음에서였지. 마을에서도 화재가 나지 않기를 바라며 대보름 무렵 산에다 소금 단지를 묻고 고사를 지냈어. 이를 소금 고사라고 해. 마을에 따라서 소금 대신 바닷물을 묻기도 했지.

양산에 있는 통도사는 단오 때마다 여러 개의 소금 단지를 처마 곳곳에 올리며 화재 예방을 기원해. 그런데 소금 단지를 막는 종이에 쓴 글이 재미있어.

우리 집에 한 손님이 있는데
필시 바다의 사람이라.
입으로 천장수를 뿜어서
능히 불귀신을 죽이네.

손님으로 온 바다의 사람은 용이고, 천장수는 하늘나라에 넘쳐 나는 물이야. 만약 불귀신이 접근하면 용이 억수 같은 비를 뿌려 댈 것이니 감히 접근하지 말라는 경고야. 불귀신이 진짜로 있어서 이 글을 본다면 다리를 후들후들 떨며 도망치겠지?

그러나 소금이 항상 좋은 뜻으로만 쓰인 것은 아니야. 소금은 저주와 파괴의 상징으로 쓰이기도 했어.

『구약 성경』에는 자신의 형제들을 죽이고 아버지의 뒤를 이은 이스라엘 왕의 이야기가 나와. 왕은 백성이 반란을 일으키자 도시에 소금을 뿌리며 저주를 퍼부어. 악행을 저지른 왕은 한 여성이 던진 돌에 죽음을 맞으며

죗값을 치르지.

기원전 146년, 로마 제국도 카르타고[4)]에 저주의 소금을 뿌렸어. 로마는 기원전 264년부터 146년까지 카르타고와 세 번의 전쟁을 벌였어. 그때 로마는 유럽의 강자로 떠오르고 있었고, 카르타고는 지중해를 주름잡고 있었지.

전쟁 결과만 놓고 보면, 로마는 세 번의 전투에서 모두 승리를 거뒀어. 그러나 전투 과정을 보면 참혹한 승리였지. 로마는 코끼리 부대를 앞세운 카르타고의 영웅 한니발에게 많은 병사를 잃었어. 마지막 전투는 무기도 없는 카르타고 시민들과의 싸움이었지.

무기를 모두 빼앗긴 카르타고 사람들은 성문을 굳게 닫아걸고 대항했어. 부상으로 쓰러지고 먹을 게 없어 굶어 죽으면서도 성문을 열지 않았어. 로마는 끈질기고 지독하게 저항하는 카르타고 사람들에게 이를 갈았어. 4년 만에 간신히 성을 함락한 로마는 마음껏 분풀이를 했지.

"카르타고를 파괴하라. 도시를 불태우고 곳곳에 소금을 뿌려라. 풀 한 포기 나지 못하게, 카르타고의 귀신조차 살아남지 못하게 저주를 내려라!"

---

4) 카르타고 사람들은 고대 페니키아의 후손이다. 처음에는 페니키아의 식민 도시로 시작했지만, 뒤에는 페니키아를 능가하는 해상 왕국으로 성장했다. 페니키아는 기원전 1000년 무렵에 지중해를 주름잡던 민족이었다. 소금과 이집트의 염장 생선을 지중해 연안에 팔아서 부를 쌓았다. 로마와 카르타고의 전쟁을 '포에니 전쟁'이라고 부르는데, 포에니는 페니키아 사람을 가리키는 말이다.

로마는 카르타고 땅에 소금을 퍼부었고, 수십 년 동안 폐허로 버려 두었어.

소금이 저주를 불러온다거나 악마를 물리친다는 믿음은 요즘 눈으로 보면 이해하기 어려워. 우리는 소금의 요모조모를 과학적으로 잘 알기 때문이야. 그러나 소금을 과학으로 밝혀내기 시작한 것은 불과 수백 년 전의 일이야.

수천 년 전부터 소금을 써 온 사람들은 소금의 성질을 속속들이 알기 어려웠을 거야. 소금이 음식 썩는 것을 막아 주고 사람의 기운도 북돋우는 게 그저 신기했겠지. 어둠을 몰아낼 것 같은 새하얀 색깔도 신비로웠을 테고. 그래서 소금을 신비한 힘의 상징으로 생각했고, 이런저런 풍습을 만들어 냈어.

맛과 영양을 완성한 소금

조선의 선조가 왕자들에게 물었어.
"여러 반찬 가운데 어떤 것이 으뜸이냐?"
둘째 왕자인 광해군이 대답했어.
"소금이옵니다. 소금이 없으면 아무리 좋은 음식도 맛을 낼 수 없기 때문입니다."

선조는 광해군의 대답을 기특하게 여겼어. '역시, 영리한 왕자로구나.' 하고 생각했지. 임진왜란이 일어나자 광해군을 서둘러 세자로 책봉하고 전쟁 지휘를 맡긴 것도 이 때문이야.

실학자인 연암 박지원의 소설 「민옹전」에도 비슷한 이야기가 나와. 민옹은 '민 씨 성을 가진 노인'인데, 지혜롭고 재치가 뛰어났어. 그런 민옹에게 연암 박지원이 물었지.

"영감님은 가장 맛있는 것을 보셨겠네요?"

"그럼, 보았지. 갯벌을 갈아엎어서5) 만든 소금! 온갖 음식의 맛을 내는 데 소금이 없으면 되겠는가?"

광해군이나 민옹의 말처럼 아무리 비싸고 귀한 음식도 소금이 없으면 맛이 안 나. 싱거운 찌개나 국을 먹으면 우리도 "으으, 맹탕이야." 하면서

---

5) 동해안에서는 바닷물을 그대로 끓여 소금을 만들었지만, 서해안에서는 갯벌의 흙을 이용해 소금을 만들었다. 썰물 뒤에 갯벌을 갈아엎어서 햇볕에 말리면 소금기가 밴 흙덩이를 얻을 수 있다. 이 흙덩이에 바닷물을 부어서 거르면 보다 짠 물을 얻을 수 있고, 이 물을 솥에 끓이면 바닷물을 끓이는 것보다 빨리 소금을 생산할 수 있다.

소금을 찾잖아. 거의 모든 음식의 맛은 소금으로 완성되지.

또 소금은 단맛을 더욱 달게 만들기도 해. 단팥죽에 소금을 넣으면 단맛이 더 강해져. 토마토나 감자도 소금에 찍어 먹으면 맛이 더 좋아지지. 식초의 신맛을 누그러뜨리는 것도 소금이야.

소금 덕분에 우리는 다양한 음식 문화를 갖게 되었어. 유럽에서 식탁의 꽃으로 불리는 치즈도 소금 덕을 보았어. 치즈를 오래 보관하려면 소금을 뿌리거나 소금물에 담가 두어야 하거든. 햄, 베이컨, 소시지도 소금이 없었다면 만나지 못했어. 고급 요리로 쳐 주는 캐비어(철갑상어 알 절임)도 소금이 없으면 태어나지 못했지. 토마토케첩도 소금을 넣은 염장 식품이고 피클도 오이, 양파 등의 채소를 소금에 절인 식품이야. 우리나라의 대표 음식인 김치나 청국장에도 소금은 필수야.

이 가운데 발효 음식인 치즈, 김치, 청국장은 건강에 무척 좋은 것으로 알려졌어. 발효는 미생물의 활동으로 음식이 이롭게 바뀌는 걸 말해. 발효 음식은 맛과 영양이 뛰어나고 소화도 잘돼. 미생물이 음식물을 부드럽게 만들어 놓았기 때문이야.

신기하게도 대부분의 미생물은 소금물에서 죽지만, 발효 미생물은 소금물에서 활발하게 활동해. 소금이 없으

치즈 ⓒ Eva K, GFDL and CC

면 식품은 미생물 때문에 썩지만, 소금이 있으면 미생물 때문에 발효가 일어난다는 말이야.

　사람들은 곡류, 채소, 물고기 등에 소금을 뿌려서 발효를 시켰어. 특히 소금을 이용해 만든 발효 소스는 소금보다 짠맛을 내는 별미 조미료였어. 대표적인 게 우리나라, 중국, 일본의 간장이야. 나라마다 부르는 이름은 다르지만 콩을 발효시켜 만들었다는 공통점이 있어.

　고대 로마 사람들은 생선을 발효시켜서 간장처럼 짠맛 나는 소스인 가룸을 만들었어. 갓 잡은 생선에 소금을 뿌려서 여러 달 동안 햇볕에 두면 발효가 되면서 생선 살이 흐물흐물하게 삭아. 그때 액체만 걸러 내서 소스로 썼지. 생선은 발효되면서 마치 썩는 것 같은 고약한 냄새를 풍겨. 이 때문에 그 시대 학자들조차 가룸을 '썩은 액체'라거나 '품질은 나쁜데 값은 비싼 음식'이라고 혹평했어.

　그러나 로마 사람들은 가룸을 무척이나 즐겨 사용했어. 소금보다 짠맛이 나는 가룸을 모든 음식에 곁들였고, 약으로도 썼어. 소금보다 값도 훨씬 비쌌지. 그러나 안타깝게도 가룸은 로마의 멸망과 함께 역사에서 사라졌어. 재미있는 것은 캄보디아, 베트남 같은 동남아시아 국가들이 지금도 가룸과 똑같은 방법으로 생선 소스를 만든다는 거야. 따지고 보면 우리나라의 젓갈이

고대 로마의 가룸 공장 터 ⓒ Marina Amador

나 액젓도 가룸과 비슷한 음식이야.

우리나라의 발효 음식 이야기를 좀 더 해 볼게.

우리는 사계절이 뚜렷한 환경에서 농사를 지었기 때문에 채소나 곡식을 저장해야 겨울을 날 수 있었어. 그래서 곡식이나 채소를 발효시킨 음식이 많아. 발효 음식은 겨울에도 비타민을 섭취할 수 있게 해 주었지.

우리는 삼국 시대부터 발효 음식을 즐긴 것으로 보여. 중국의 역사책에 '고구려 사람들은 발효 음식을 잘 만든다.'는 내용이 나오거든. 고구려 옛 무덤 벽화를 보아도 발효 문화가 발달했음을 짐작할 수 있어.

황해도에 있는 안악 3호분 벽화에는 시루와 항아리 그림이 나오는데, 사람들은 이 항아리가 발효 음식을 담는 데 쓰였을 것이라고 추측하지.

백제나 신라도 간장, 된장, 젓갈과 같은 발효 식품을 먹었어. 신라의 신문왕은 왕비를 맞을 때 장을 선물로 보냈어. 결혼 선물로 보냈을 정도면 귀하게 여겼다는 뜻이겠지?

장맛은 한 집안의 음식 맛을 결정하는 중요한 잣대였

(위) 안악 3호분 벽화 속 시루 (출처: wikimedia)
(아래) 안악 3호분 벽화 속 항아리 (출처: wikimedia)

김치 ⓒ Nagyman

어. 그래서 장맛이 단 집에는 복이 많다는 속담도 생겼어. 신라의 김유신은 전쟁 중에 집안의 장맛을 보고서 '장맛이 변함없는 것을 보니 식구들은 무사한가 보구나.' 하고 마음을 놓았어.

또 다른 발효 음식인 김치는 '소금에 절인 채소'라는 뜻의 침채가 딤채→김채→김치로 굳어졌어.

맨 처음 김치는 채소를 소금에 절인 간단한 형태였을 거야. 파나 마늘 같은 양념을 넣기 시작한 것은 고려 시대에 들어와서야. 고려의 천재 시인 이규보는 "장에 담근 무 여름철에 먹기 좋고, 소금에 절인 순무 겨울 내내 반찬 되네."라는 시를 썼어. 이를 통해 고려 시대에 김장 풍습이 생겼음을 알 수 있어.

조선 시대에는 재료와 양념이 다양해졌고, 임진왜란 뒤에 고추가 들어오면서 김치를 빨갛게 버무렸어. 한편 배추김치는 1900년 무렵에 배추가 널리 재배되면서 만들어졌어. 다른 김치에 비해서 역사가 짧지만, 지금은 김치의 대표 주자로 떠올랐어.

김치는 세계적인 건강식품으로 인정받고 있어. 발효하면서 불어난 유산균 때문이야. 김치 유산균은 우리 몸의 면역력을 높이는 데 효과가 있어. 그래서 김치 유산균을 활용해서 의약품을 만드는 연구도 진행 중이야. 유산균은 채소가 원래 갖고 있던 영양소도 듬뿍 늘려 준다고 해. 김치 유산균은 이래저래 참 바쁘지?

짭짤한 상식

역사적 사건을 증명한 가룸 항아리

"가룸 항아리를 연구한 결과, 폼페이 최후의 날은 플리니우스가 기록한 팔월 이십사일이 맞습니다."

몇 해 전에 이탈리아 과학자들은 베수비오 화산 폭발이 서기 79년 8월 24일의 일이라고 못 박았어. 폼페이는 이탈리아 반도 남쪽, 나폴리 부근에 있던 도시야. 서기 79년에 베수비오 화산이 폭발하면서 주민과 도시 전체가 화산재 속에 묻혀 사라졌지.

당시 화산 폭발을 목격한 플리니우스(고대 로마의 문학가로 같은 이름을 가진 삼촌과 구분해 소 플리니우스라 부름)는 삼촌의 친구에게 편지를 쓰며 화산 폭발이 8월 24일에 일어났다고 했어.

그러나 몇몇 고고학자들이 이 날짜에 이의를 제기했어.

베수비오 화산 폭발을 그린 그림 (1770년 피에르 자크 볼테르 작품, 출처:wikimedia)

"발굴 현장에서 동전이 발견되었는데, 구월 칠일에 즉위한 황제의 것으로 보입니다. 그러니 화산 폭발은 구월 칠일 이후에 이루어졌을 것입니다."

8월 24일을 주장하는 사람들도 목소리를 높였지.

"무슨 소리예요? 플리니우스는 화산이 폭발했을 때도 책을 보던 책벌레였고, 기록하는 것을 좋아했어요. 그런 사람이 날짜를 착각할 리가 없다고요."

이런 논란에 마침표를 찍은 것이 바로 7개의 가룸 항아리야. 가룸 공장 터에서 발굴해 낸 이들 항아리에는 발효가 덜 된 물고기가 들어 있었어.

폼페이에서 발굴된 가룸 항아리들ⓒClaus Ableiter

폼페이 지방에서 7~8월에 잡히던 게르치라는 물고기였지. 과학자들은 물고기의 상태를 보아 담은 지 얼마 안 된 것으로 생각했어. 또 발굴 현장에서 발견한 꽃가루도 모두 여름 꽃이었어. 이를 토대로 과학자들은 베수비오 화산 폭발이 플리니우스의 기록과 같은 8월 24일에 일어났다고 결론지었어.

우리나라 소금의 역사

삼국 시대

고구려, 백제, 신라의 소금 이야기는 많이 알려지지 않았어. 역사책이 많지 않으니 그럴 수밖에.

고구려는 함경도에 있던 부족 국가인 옥저에서 소금을 얻었어. 옥저를 힘으로 누르고 해마다 조공을 받았지. 뒤에 옥저를 정복하면서 소금 생산지도 자연스레 손에 넣었어.

백제와 신라는 모두 바다를 끼고 있던 나라였기 때문에 소금 생산이 이루어졌을 것으로 보여. 신라의 장보고는 중국을 오가며 소금 무역을 했으니 소금 산업도 발달한 상태였겠지?

고려 시대

고려 후기에는 힘이 커진 귀족들이 소금 생산으로 큰 이익을 보았어. 이에 충선왕은 소금 전매 제도를 실시했어. 귀족들의 생산 시설을 국가의 것으로 돌리고 생산과 판매를 모두 관리했어. 백성은 정부가 정해 준 소금 창고나 도읍지인 개경의 소금 가게에서 베를 주고 소금을 샀어.

그러나 고려 말기에 왕의 힘은 너무 약했어. 귀족들은 나라의 눈을 피해 소금을 몰래 생산했고, 전매 제도는 큰 성과를 거두지 못했지.

조선 시대

조선은 서해안과 남해안에서 소금 생산이 활발했어. 바닷가에서 소금을 굽던 사람들은 적이 쳐들어오면 용감하게 맞서 싸우기도 했어. 특히 고려 말과 조선 초에는 일본의 해적이 자주 나타났기 때문에 이들의 활약이 빛났어.

"왜선 아홉 척이 암태도에 들어와 도둑질을 했으나 소금을 굽던 김나진과 갈금이 쫓아 버렸습니다."

"소금을 굽던 황복지와 김갓달이 왜구를 잡을 때 큰 공을 세웠습니다. 상을 내려 주시기 바랍니다."

태종과 세종 때의 『조선왕조실록』을 보면 이런 기록들이 많이 나와.

소금은 상을 내릴 때나 굶주린 백성을 구호할 때도 쓰였어. 조선의 정치가들은 쌀과 소금을 백성의 생활필수품이라고 생각했어. 소금 전매 제도를 실시하려는 움직임이 일면 불같이 일어나서 반대한 것도 그 때문이야. 나라가 백성의 생활필수품으로 돈벌이를 하면 안 된다는 거였지.

이때까지 우리나라의 소금 생산 방법은 바닷물을 솥에 넣고 끓이는 것이었어. 동해안에서는 바닷물을 길어다 끓였고, 갯벌이 많은 해안에서는 개흙을 이용해서 바닷물보다 짠물을 만들어 끓였어. 불은 12시간에서 길게는 며칠씩 때야 소금이 만들어졌어. 나무를 구하는 일이 쉽지 않았기 때문에 소금값이 비쌀 수밖에 없었지. 이렇게 바닷물을 끓여서 만든 소금을 전오염, 화염, 자염이라고 불러.

근대

근대는 사회 전반에 커다란 변화가 찾아왔던 시기야. 소금 산업에도 변화의 바람이 불었어. 1907년에 인천 주안에 천일염전이 문을 연 거야.

천일염은 바닷물을 끓이는 것보다 생산비가 적게 들고, 생산량은 훨씬 많았어. 넓은 염전만 만들어 두면 별다른 시설도 필요하지 않았어. 그렇다고 소금이 저절로 만들어지는 것은 아니야. 소금을 만드는 염부(소금 만드는 사람을 부르는 이름)들의 땀방울과 햇볕, 바람이 삼박자를 이뤄야 하거든.

주안 염전 건설은 우리나라 소금 역사에서 보면 혁명적인 일이었어. 문제는 주안 염전이 우리나라를 위해 만든 게 아니라는 거야. 일본은 우리나라에서 난 천일염을 자기네 나라로 실어 가려고 염전을 지었지.

1945년에 광복을 맞았지만, 소금은 여전히 부족했어. 그래서 봄에 장을 담글 때나 가을에 김장을 담글 때면 소금을 외국에서 수입해 와야 했어.

1938년 조선총독부 철도국에서 발행한 『반도의 근영』에 실린 천일염전의 모습

현대

육이오 전쟁이 일어나자 소금 사정이 더욱 나빠졌어. 소금은 시장에 나오기가 무섭게 팔렸는데, 한때 피난민이 모여 살던 부산에서는 소금과 쌀이 똑같은 무게로 거래된 적도 있어.

전쟁이 끝나고 소금 생산에 힘쓰면서 자급자족이 이루어졌어. 1960년대 들어서 서해안의 자염 생산은 완전히 자취가 끊겼어. 만드는 값이 너무 비쌌기 때문이야.

천일염도 설 자리가 점차 좁아지기 시작했어. 1970년대 후반 들어 정부가 소금 부족을 해결하려고 정제염 공장을 만들었어. 정제염은 바닷물에서 염소와 나트륨만을 뽑아서 만든 소금이야. 흔히 정제염을 화학 소금으로 오해하는데 이는 사실과 달라. 기계를 이용해서 얻은 소금이기 때문에 기계염이라고 부르는 게 맞아.

값이 싸고 색이 하얀 정제염은 한동안 우리 식탁을 차지했어. 그러는 사이 천일염은 점차 내리막길을 걸었지. 경기와 인천 지역의 몇몇 염전이 매립되어 산업 공단으로 변했어.

1997년부터는 값싼 수입 소금이 밀려왔어. 정부는 염전 운영자에게 지원금을 주면서 문을 닫으라고 권유했어. 많은 염전이 양식장으로 바뀌거나 문을 닫았어. 그러나 소금 일을 천직으로 알고 고집스레 염전을 지켜온 사람들도 있어. 이런 사람들 때문에 우리나라 서해안의 천일염이 지금껏 맥을 잇고 있어. 1960년대에 생산이 끊겼던 자염도 2002년부터 다시 시장에 나오고 있지.

한편 정부는 지난 2007년에 전라도 증도의 태평염전과 돌로 된 소금 창고, 비금도의 대동염전을 근대문화유산에 지정했어. 문화재가 된 염전에서는 봄부터 가을까지 별처럼 반짝이는 소금꽃이 하얗게 피어나고 있지.

천일염 생산 과정

- 염전은 크게 제1 증발지, 제2 증발지, 결정지로 나뉘며, 각 염전의 물은 소금 농도가 다르다.
- 저수지의 바닷물을 양수기로 퍼 제1 증발지에 댄다. 햇볕과 바람이 물을 증발시키며 소금의 농도가 진해지는데, 이렇게 소금 농도가 높아진 물을 함수라 한다.
- 염도계로 염도(물의 짠 정도)를 재어 적당하면 제2 증발지로 내려 보낸다.
- 제2 증발지에서 소금 농도가 더 높아진 함수는 결정지로 와 소금이 된다.

소금과 사람

소금으로 군대를 정비한 이순신

"맑으나 바람이 크게 불어 몹시 추웠다. 각 배에 옷 없는 사람들이 거북처럼 꼬부리고 추워서 떠는 소리를 차마 듣기 어려웠다. 군량조차 오지 않으니 답답한 노릇이다." - 1594년 1월 20일 『난중일기』

조선의 영웅 이순신은 전쟁이 일어난 지 얼마 안 돼서부터 큰 고민을 떠안게 되었어. 군사를 먹이고 입힐 일이 까마득했던 거야.

전쟁에 들어가는 비용이야 국가가 대는 게 마땅하지만, 조선 정부는 그럴 처지가 아니었어. 전쟁 준비가 전혀 안 되어 있던 터라 비축한 식량은 물론이고, 변변한 무기도 없었어. 게다가 전염병에 흉년까지 겹치면서 이래저래 온 백성이 고통을 겪고 있었지.

이순신은 군사의 식량 문제를 해결하기로 마음먹고 비어 있는 땅에 둔전[6]을 설치했어. 전쟁을 피해 떠도는 백성에게 농사를 짓게 하고, 수확은 군대와 백성이 나누는 식이었어. 군사도 먹이고 백성도 살리는 일석이조의 효과를 노렸지.

남해안 섬 여러 곳에 마련한 둔전은 이순신의 비서인 정경달이 꼼꼼히 관리했어. 그래서 둔전을 마련하자마자 식량 사정이 좋아졌어.

그러나 이순신은 만족하지 않았어. 거북선과 판옥선[7]도 더 만들어야 하고, 낡은 무기도 정비해야 했어. 소금에 관심을 둔 것도 그 때문이야.

"육지의 백성이 군수품 조달에 지쳤으니, 해변의 일부를 맡겨 주시면 군대의 식량과 무기를 풍족하게 만들겠습니다."

이순신은 조정에 이런 글을 올려 승낙을 받고, 세 차례에 걸쳐 소금 굽는 가마솥을 마련했어. 한산도 인근 갯벌에 가마를 설치하고 피난민들을 불러 모아 소금을 굽게 했어. 소금을 구워 판 지 두 달 만에 수만 섬의 곡식을 창고에 쌓을 수 있었지.

이 같은 소문이 전해지자 흩어져 있던 군사가 이순신 휘하로 속속 모여들었어. 이순신의 군대는 군사와 무기를 제대로 갖출 수 있게 되었지. 여기저기 떠돌며 굶주리던 백성도 구름처럼 몰려서 마을을 이루었어. 이순신의 소금 생산은 임진왜란이 끝날 때까지 계속되었어. 전쟁이 막바지로 치닫던 1597년에는 13곳의 섬에 소금 가마를 걸고 감독관을 파견했지. 13척의 배로 적군의 배 133척을 물리친 조선 수군의 힘은 저절로 만들어진 게 아니야.

---

[6] 고려와 조선 시대에 군대에 필요한 경비를 마련하려고 만들었던 농토.

[7] 조선 수군의 대표적인 전투함. 배가 크고 튼튼해서 화포를 장착할 수 있었고, 노를 젓는 병사와 공격하는 군사를 따로 배치할 수 있어서 전투 효율이 높았다. 판옥선은 임진왜란의 승리에도 큰 기여를 했다.

참고한 자료

논문

- 「소금의 민속지고고학적 접근」, 김건수, 『도서문화』 제34집, 2009
- 「소금에 대한 과학적 고찰」, 김영명, 『식품기술』 Vol. 22, 2009
- 「영국 식민 지배 하의 간디 리더십의 실체 : 소금 사티아그라하 운동을 중심으로」, 김형곤, 『서양사학연구』 Vol. 18, 2008
- 「소금의 유효성 및 안전성」, 나병진, 하상도, 『식품과학과 산업』 6월호, 2009
- 「중세 말 유럽에서의 향신료」, 남종국, 『서양중세사연구』 Vol. 24, 2009
- 「소금의 영양학적 고찰」, 백희영, 『한국식품조리과학회지』 제9권 제2호, 1987
- 「세계의 소금시장, 어떻게 움직이고 있나?」, 이헌동, 『수산정책연구』 제4권, 2009
- 「1200년 공화국의 영광 베네치아 : 통사적인 접근」, 한성철, 『이어이문학』 1집, 2000
- 「12·13세기 해항도시 베네치아의 역사적 형성」, 현재열, 『해항도시문화교섭학』 창간호, 2009
- 「한국 고대 전통음식의 형성과 발달」, 김동실, 상명대학교 석사 학위 논문, 2008
- 「고려시대의 염업」, 김영용, 인하대학교 석사 논문, 2002
- 「한 전기 국가 재정과 재정론 연구 – 상홍양(152~80 B.C)의 재정정책을 중심으로 –」, 김용은, 경희대학교 박사 학위 논문, 2000
- 「조선초기 염의 유통 체계와 그 실태」, 김정원, 동국대학교 석사 학위 논문, 2003
- 「중국의 '저' 변천사 : 하대에서 청대까지」, 신계숙, 이화여자대학교 박사 학위 논문, 2005
- 「조선후기 어염정책 연구」, 이욱, 고려대학교 박사 학위 논문, 2003
- 「인간생태계에서의 소금의 생활과학 : 상염·건강·환경」, Fujino Yasuhiko, 한재숙(영남대학교) 역, 『동아시아식생활학회지』 제9권 제2호, 1999

단행본

- 『중국을 말한다 2』, 양산췬·정자룽, 이원길 역, 신원문화사, 2008
- 『관자』, 관자, 김필수·고대혁 외 공역, 소나무, 2006
- 『대륙의 찬란한 기억』, 광하해운문화공사, 박지민 역, 북폴리오, 2004
- 『원더풀 사이언스』, 나탈리 앤지어, 김소정 역, 지호, 2010
- 『중국 거상에게 배우는 부의 전략』, 량샤오민, 서아담 역, 김영사, 2008
- 『음식의 역사』, 레이 태너힐, 손경희 역, 우물이있는집, 2006
- 『아프리카』, 롤랜드 올리버, 배기동·유종현 공역, 여강출판사, 2001
- 『먹거리의 역사』, 마귈론 투생 사마, 이덕환 역, 까치, 2002
- 『소금』, 마크 쿨란스키, 이창식 역, 세종서적, 2003
- 『소금과 문명』, 새뮤얼 애드셰드, 박영준 역, 지호, 2001
- 『영혼의 리더십』, 스탠리 월퍼트, 한국리더십학회 역, 시학사, 2002
- 『살아 있는 야생』, 신디 엥겔, 최장욱 역, 양문, 2003
- 『청소년을 위한 케임브리지 과학사 1』, 아서 셧클리프, 조경철 역, 서해문집, 2005
- 『아프리카의 역사』, 존 아일리프, 이한규·강인황 공역, 이산, 2002
- 『안인희의 북유럽 신화 1』, 안인희, 웅진지식하우스, 2007
- 『음식전쟁 문화전쟁』, 주영하, 사계절, 2000
- 『남도민속고』, 최덕원, 삼성출판사, 1990
- 『처음 읽는 아프리카의 역사』, 루츠 판 다이크, 안인희 역, 웅진지식하우스, 2005
- 『역사를 바꾼 17가지 화학 이야기』, 페니 브 쿠너·세이 버레슨, 곽주영 역, 사이언스북스, 2007
- 『물질문명과 자본주의 1-1』, 페르낭 브로델, 주경철 역, 까치, 1995
- 『소금의 문화사』, 피에르 라즐로, 김병욱 역, 가람기획, 2001

- 『마법의 도시 야이누』, 프란시스코 카란사, 송병선 역, 문학과지성사, 1998
- 『염철론』, 환관, 김원중 역, 현암사, 2007
- 『소금꽃이 핀다』, 국립민속박물관 전시 도록, 2011
- 『Venice, a maritime republic』, Frederic Chapin Lane, Johns Hopkins University Press, 1973
- 『Dictionary of Word Origins』, John Ayto, Arcade publishing, 1993

인터넷

- 국립수목원 http://www.kna.go.kr
- 내셔널 지오그래픽 http://www.nationalgeographic.com
- 미국 소금협회 http://www.saltinstitute.org
- 미국 UV&S http://www.undergroundvaults.com
- 부안그린투어 http://www.greenbuan.go.kr
- 스위스 선플라워재단 화폐박물관 http://www.moneymuseum.com
- 에너지경제연구원 http://www.keei.re.kr
- 유네스코 세계문화유산 http://whc.unesco.org
- 조선왕조실록 http://sillok.history.go.kr
- 충무공 이순신 http://www.yi-sunsin.com
- 한국역사정보통합시스템 http://www.koreanhistory.or.kr

언론 보도

- 「팀북투 이슬람 문화유산 연구 복원 열풍」, 경향신문, 2007. 8. 8
- 「액젓 찌끼로 폼페이 화산 폭발 일자 산출」, 연합뉴스, 2008. 9. 30